Amor y muerte en el orientalismo modernista:
el escritor Isaac Muñoz

Amelina Correa Ramón

Para Abelardo Linares,
verdadero artífice de que Isaac Muñoz llegara a mi vida.

ISBN: 978-84-129137-2-9
Depósito legal: M-242-2025

Impreso en España

Índice

Figura 1: Isaac Muñoz
(1881 - 1925)

Luis Antonio de Villena, que tanto y tan valioso ha escrito sobre la literatura de fin de siglo y la renovación modernista en todas sus complejas y fecundas variantes, ha llegado a afirmar que el escritor Isaac Muñoz representa "Nuestro mejor decadentismo [...] mucho más aquilatado que Vargas Vila o que Hoyos y Vinent", añadiendo que "escribió probablemente la prosa más decadente y enjoyada de nuestro modernismo simbolista, en su matiz orientalizante" (Villena, 2001: 196 y 195).

En efecto: orientalismo, esteticismo, modernismo decadente, junto con el más refinado de los erotismos, que liga la trascendencia del Eros y el Thanatos –el Amor y la Muerte–, son algunos de los ingredientes principales que caracterizan la obra y el devenir de José Esteban Isaac Muñoz Llorente, Isaac Muñoz en el ámbito de las letras. Tan dandi como Oscar Wilde (basta contemplar sus fotografías, o las descripciones que de él nos han dejado sus contemporáneos); tan orientalista como Pierre Loti; tan decadente como Joris-Karl Huysmans, con su *À rebours*

(1884), unánimemente considerada la *Biblia* del decadentismo; tan esteticista como su siempre admirado el italiano Gabriele d'Annunzio; tan voluptuosamente sensual como el Valle-Inclán de las *Sonatas* (a quien, por cierto, dedicó con entusiasmo volcado en encendidas palabras su novela *Morena y trágica*: "Dedico estas páginas, violentas y supersticiosas, al más ilustre de los escritores de España, a D. Ramón del Valle-Inclán") y con un erotismo atrevido y transgresor vertido en exquisitas palabras y que siempre aspira al en esos contextos peligroso límite de la Belleza. No en vano, ya Charles Baudelaire había cantado admonitoriamente: "¿Vienes del hondo cielo, o emerges del abismo,/ oh, Belleza?", en su poemario *Las flores del mal*, absolutamente fundamental para entender el arte y la literatura de fin de siglo. Flores que en las recamadas páginas de Isaac Muñoz se despliegan en toda su riqueza tentadora, recurriendo al simbolismo vegetal como buena parte de los escritores y artistas vinculados con el modernismo. Así la "flor china de talictro", que era "amarga y pulposa" como la sangre; las "rosas de podredumbre" que se ocultan bajo las sedas de un "corpiño nupcial"; el lecho de los amantes es "de nardos y de cedros de Damasco"; como en los conocidos versos de Manuel Machado inspirados en el romancero tradicional ("Del color del lirio tiene Gerineldos/ dos grandes ojeras"), los ojos de la amada están circundados de la morada tonalidad de los lirios; y para un autor como

Muñoz que concede gran importancia el sentido del olfato, con lo automático de la evocación desencadenada y lo primitivo de un funcionamiento, según la ciencia ha demostrado, ajeno a todo control racional, se emplearán con frecuencia imágenes florales con su poderosa connotación aromática, en imágenes donde la carne de la amada transmina el perfume del nardo o de la rosa. Pero si la fragancia de estas especies florales se ha consagrado a lo largo de los siglos a la manifestación de la relación amorosa, no se debe perder de vista que, en la íntima vinculación entre Eros y Thanatos que, como ya se ha adelantado, caracterizará intensamente al escritor granadino, a menudo encontrará el lector impactantes y reveladoras imágenes, como en la siguiente escena amorosa:

> Del cuerpo [...] se desprendía un perfume de agonía, de terror, de calentura, de pasión, de magnetismo, algo que participaba del olor de las viejas sepulturas, y del olor lujurioso y pesado de las madrigueras de los tigres.

Y es que, en efecto, la trayectoria de Isaac Muñoz lo revela como un autor complejo y enigmático, confundiéndose realidad y ficción en la con frecuencia autocreada fabricación de un personaje, similar –salvando todas las distancias posibles– al Marqués de Bradomín de su admirado Valle-Inclán. Y es que, tal y como afirmaría de él Rafael Cansinos

Assens, escritor, pero también privilegiado y atento cronista de cuanto acontecía en la vida cultural del Madrid de las primeras décadas del siglo XX, Isaac Muñoz fue "una de las figuras más interesantes de la pléyade 'modernista', al estilo empenachado de Valle-Inclán, un 'inmoralista' estético, y, como todos los escritores de su generación, tenía mucho de mistificador inocente. [...] Isaac se había forjado una genealogía fantástica, según la cual era unas veces el descendiente nostálgico de los reyes nazaríes de Granada, un príncipe fastuoso y melancólico, y otras, un nieto de 'marranos' sefardíes, desterrados de España por la fulmínea espada de los inquisidores" (Cansinos Assens, 2001: 73).

Además, el escritor granadino, que comienza a escribir durante su inquieta adolescencia, dando a la imprenta con tan solo diecisiete años sus primeras obras (dos pequeños libritos de escenas en prosa poética titulados *Miniaturas* y *Colores grises*) en un momento tan simbólico para la historia y la cultura españolas como es 1898, alcanzará una más que significativa reputación como destacado especialista en la compleja problemática que encerraba el orientalismo de la época: las relaciones con los países del Magreb, el colonialismo europeo, el mundo árabe con todas sus ramificaciones, sus implicaciones durante la Primera Guerra Mundial, etc. Buena muestra de ese incontestable prestigio se evidencia en el hecho de que durante cerca de una década sus solicitados artículos se publican en la portada de uno de los más importantes periódicos del momento, como era el *Heraldo de Madrid*.

Pero aparte de sus abundantísimas colaboraciones como especialista y sus reportajes de primera mano enviados desde Marruecos, Argelia, Túnez, etc., Isaac Muñoz destacará como creador en una época propicia a la renovación, la transgresión y la disidencia. Aunque hoy pueda resultar un nombre desconocido para el lector actual, lo cierto es que un primer acercamiento a su figura nos muestra un personaje polifacético que se codeó con las principales personalidades del momento, relacionándose con Juan Ramón Jiménez (de quien escribió reseñas, como la de *Rimas*, 1902, agradecida luego por el poeta moguereño), Rubén Darío (que lo consideró por escrito en 1911 "admirable artista"), los hermanos Machado, o su inseparable amigo Francisco Villaespesa, a quien había conocido durante la inicial etapa de ambos como inquietos estudiantes en la Universidad de Granada. El poeta almeriense le dedicará innumerables elogios a lo largo de los años, considerándolo en 1911 "la mentalidad más fuerte y amplia de la juventud española".

Especialmente significativo resulta también el hecho de que nada menos que el famoso pintor Juan Gris, considerado uno de los maestros del cubismo, diseñara en 1905 el exlibris de Isaac Muñoz (Figura 2). Rico en connotaciones, en él se muestra un libro abierto con una calavera tendida sobre sus páginas, junto a una rama de acacia y un reloj de arena, representando elocuentemente el tópico latino de *Tempus fugit*, pero ilustrando también el de *Ars longa, vita brevis*. Tampoco se puede perder de vista el indisimulado simbolismo masónico al que el diseño apunta Y es que durante siglos los masones se han identificado como 'hijos de la acacia' porque sus hojas perennes simbolizan la inmortalidad. En cuanto al reloj de arena, evoca lo efímero de la humana envoltura mortal, lo que refuerza la imagen de la calavera.

Figura 2: Exlibris de Isaac Muñoz por Juan Gris (1905).

La amplitud y calidad de las relaciones literarias y artísticas de Muñoz quedan puestas también de manifiesto por la presencia de su nombre en autobiografías, libros de memorias y epistolarios de la época. Sin embargo, un hado adverso condicionaría su triste final, marginándolo de un canon oficial que suele ser poco complaciente con las *diferencias*.

Un escritor 'Distinto':
la alteridad de Isaac Muñoz (1881-1925)

El torremarfileño poeta Juan Ramón Jiménez, a quien Isaac Muñoz visitara junto con otros amigos escritores en el sanatorio madrileño donde estaba ingresado para tratar sus neurosis y demás delirios hipocondriacos, dejó escrita una significativa composición titulada "Distinto", que dice así:

Lo querían matar los iguales,
porque era distinto.

Si veis un pájaro distinto, tiradlo;
si veis un monte distinto, caedlo;
si veis un camino distinto, cortadlo;
si veis una rosa distinta, deshojadla;
si veis un río distinto, cegadlo...
si veis un hombre distinto, matadlo.

[...] lo que seas, que eres distinto
(monte, camino, rosa, río, pájaro, hombre):
si te descubren los iguales, huye a mí,
ven a mi ser, mi frente, mi corazón distinto.

Distinto, y marcado por el signo de la alteridad, se sintió siempre Isaac Muñoz, cuyo nombre ha sido uno de tantos que la historia literaria pareciera haber relegado al olvido. Hasta hace muy pocos años, casi nadie recordaba el nombre del amigo y colaborador del poeta y dramaturgo Francisco Villaespesa en varias de sus empresas literarias; casi nadie, excepto algunos amantes de las rarezas bibliográficas, conocía los títulos de sus obras; menos aún se podían encontrar lectores de sus novelas. Sin embargo, la trayectoria vital y literaria de este autor ofrece, como ya se ha adelantado, un indudable interés, y, sobre todo, muestra su evidencia como síntoma de una época fascinante. Síntoma, en definitiva, de la crisis de fin de siglo, Muñoz plasma en su creación literaria las contradicciones, ambigüedades y deseos insatisfechos que marcaron la cultura de una etapa fecunda.

Al iniciar la narración biográfica de un artista (de la pluma, del pincel, de la partitura), surge inevitablemente en un primer momento la duda acerca de hasta qué punto resulta necesario ampliar el conocimiento de su devenir vital a la hora de propiciar un acercamiento documentado a su obra. Luis Antonio de Villena, en su conocido estudio *Corsarios de guante amarillo*, acerca del fenómeno (¡tan de la época!) del dandismo, lleva a cabo una reflexión en torno a este hecho, que se podría sin duda suscribir:

[…] si la importancia del hecho biográfico es, en general, variable, en algunos autores es fundamental, ya porque vida y obra se interpenetran en un mismo código de afán estético […], ya porque […] la vida, dando curso a la obra, es significante de un mito, de una personalidad mitológica Villena, 1983: 89-90).

En el caso que ahora nos ocupa se podría considerar que se entrecruzan ambos aspectos. Así, efectivamente, este exquisito orientalista condujo vida y obra por caminos paralelos y siempre a la búsqueda de un ideal estético; pero al mismo tiempo, Isaac Muñoz fue fabricando, desde la elección de un nombre literario de resonancias semíticas a la temprana edad de diecisiete años, un halo mitológico propio, para el que no le importó falsificar datos, mentir elegantemente o fantasear acerca de su pasado.

En ese mito personal con que se envolvió Isaac Muñoz ocupa un lugar muy importante la tierra donde tenían las raíces sus antepasados por vía paterna. En efecto, la familia de su padre había vivido en el pueblo castellano de Tendilla (Guadalajara) al menos desde la primera mitad del siglo XVIII. En esta fecha, Juan de la Plaza Solano, fundador de la familia "Muñoz de Solano" (pues tal es el apellido real del escritor, aunque lo usara siempre en su modo abreviado), ejerce como Consejero y Secretario del rey Felipe V.

Sin embargo, José Esteban Isaac Muñoz Llorente nació muy lejos de Tendilla, concretamente en Granada, el día 3 de junio de 1881, a las nueve de la noche. Lo inscribió en el Registro Civil dos días después su padre, Hipólito Pablo Muñoz de Solano y Muñoz (Figura 3), oficial del ejército que alcanzaría alta graduación, y que en esos momentos se encontraba destinado en la capital nazarí, como hijo legítimo (y primogénito) de su matrimonio con la almeriense Carmen Llorente Sirvent, a quien conoció durante su periodo anterior destinado en la costera ciudad andaluza. Como solía ser habitual en la época, se le puso el nombre de José por su abuelo paterno, el de Esteban por su abuelo materno –ya difunto–, y el de Isaac, por estar consagrado el 3 de junio a San Isaac, monje cordobés de origen noble, consagrado en el Monasterio de Santa María de Tébanos, y coetáneo de Abderramán II, quien ordenó su muerte debido a las fervorosas prédicas que el joven, al parecer, llevaba a cabo en la plaza pública. Entre otros prodigios se cuenta que habló a su madre ya desde el propio vientre materno, fenómeno que parece poner el foco en la importancia del verbo. Nuestro escritor, por tanto, se decantaría por el tercero de sus nombres como firma literaria, siendo nombre hebreo de origen bíblico que se asocia con la risa y con el poder de Dios, más allá de las fronteras temporales que limitan al ser humano.

Figura 3: Hipólito Pablo Muñoz de Solano, padre del escritor

Desde su boda con Carmen Llorente, los destinos militares de Hipólito Pablo Muñoz de Solano se suceden, condicionando el domicilio de la creciente familia, que, sin embargo, no saldrá de Andalucía hasta que en octubre de 1905 el padre sea enviado a Menorca. En el curso de esos años, van naciendo el resto de sus hijos: Elisa (en honor de su abuela materna), Hipólito (que murió durante la infancia, como era, por desgracia, tan habitual en la época), Pablo, y la menor, llamada Ramona como su abuela paterna.

Por lo tanto se podría afirmar que la infancia y primera juventud de Isaac Muñoz se desarrollaron en un ambiente alejado del castellano pueblo de Tendilla, aunque evidentemente cabe suponer que la familia pasaría allí extensos periodos vacacionales, lo que posibilitó la indeleble huella del entorno solariego y castellano que se aprecia de manera tan visible en sus obras. Pero lo cierto es que el vínculo más notable y evidente es el de Granada, ciudad en la que nació y pasó años de su infancia, además de volver a ella en el periodo universitario:

Nacido en Granada –nos explica su coetáneo y amigo Rafael Cansinos Assens–, la sugestión de la ciudad morisca obró en su fantasía el efecto de un opio. Isaac Muñoz forjóse una genealogía oriental, entre árabe y judía, y apareció en nuestras letras vistiendo unas veces el rojo o blanco alquicel de los nazaritas y otras la negra sotana de los hebreos del *melaj* mogrebino.

Durante su etapa en la Universidad de Granada el joven Isaac reside en la calle Real de la Alhambra, según las señas que se indican en su correspondencia. En esa calle se ubicaban establecimientos hoteleros como las pensiones Alhambra y Carmona, en las que, por cierto, se alojaría pocos años después el ilustre musico Manuel de Falla en sus primeras visitas a Granada. De unos cruciales años de formación en que Isaac Muñoz cursa estudios de Filosofía y Letras (que finalmente culminará en Madrid), habría que destacar el ya adelantado lazo de afinidad que establecerá con su compañero de aulas (aunque las pisara bien poco) Francisco Villaespesa, quien, guiado por su inquieto espíritu promotor de aventuras y de empresas literarias, anda empeñado ya en la lucha por el naciente y muy prometedor modernismo. Aunque Villaespesa, cuatro años mayor, y Muñoz son, de algún modo, como la cara y la cruz de una moneda, tan diferentes en sus personalidades, su amistad será muy sólida y se mantendrá con el paso del tiempo. Así recordaría Rafael Cansinos Assens la evocación que el almeriense haría de su provocadora etapa universitaria conjunta, probablemente teñida con el paso del tiempo, de un literario velo de la consigna tan modernista de *épater le bourgeois*:

18

Villaespesa se exaltaba, recordaba su época de adolescente en Granada, sus diabluras en unión de Isaac, que vivía en un carmen de la Alhambra, donde celebraban orgías que escandalizaban a los burgueses y beatos de la ciudad. Decían misas negras, celebraban cópulas en ataúdes con prostitutas vestidas de monjas, bebían vino en calaveras, se paseaban por la ciudad vestidos de moros… Isaac se gastaba en esas locuras el dinero que su padre, coronel de Intendencia en Ceuta, le mandaba para sus estudios.

–¿Te acuerdas, Isaac? Estabas entonces bajo el influjo de Byron… y de *Las mil y una noches*. Te las dabas unas veces de Childe Harold y otras de Harun Al-Raschid… Ahora eres dannunziano "O rinnovarse o morire"… Tienes razón.

A Isaac le ponían nervioso aquellas evocaciones de un pasado que le parecía ya tan cursi como Bécquer.

Pero en el terreno estrictamente literario, dejando de lado las ya mencionadas obritas de juventud, publicadas en Almería en 1898, la verdadera trayectoria literaria de Isaac Muñoz comienza con su primera novela, *bildungsroman* o novela de aprendizaje, que aparece en 1904 bajo el ambicioso título de *Vida*. Aunque el escritor se muestra todavía como un novelista un tanto inmaduro y en busca de consolidar su propia voz, se anuncian ya sus indudables valores estéticos, a la vez que se suma a la heterogénea y muy fecunda corriente de llevar a cabo relecturas de la figura y la obra de santa Teresa de Jesús, de la que se reproducen citas en las páginas de *Vida*. Título, por cierto, teresiano, al igual que lo es *Camino de perfección*, que Pío Baroja había publicado dos años atrás, y que serviría a Isaac Muñoz en buena medida como modelo (Correa, 2016: 130-134).

La marcada personalidad de su forma de escribir quedará claramente plasmada a través de su primera obra de madurez, editada después de instalarse en Madrid, corte literaria y capital cultural donde se concentran autores y tendencias de todo tipo, pero donde predomina en buena medida el ahora triunfante modernismo. Esta novela recibe el elocuente nombre de *Voluptuosidad*, una novela transgresora, orientalista y cosmopolita, que presenta, además, como sello definitorio frente a otras obras de Muñoz el ser una novela en clave, donde aparecen personajes que encubren bajo nombre ficticio auténticos escritores, artistas y músicos que se entretejieron en la activa y bulliciosa vida del Madrid de entresiglos. La ilustración de su cubierta se debe a Demetrio Monteserín (Figura 4), artista leonés que, formado en la Academia de San Fernando de Madrid, estuvo vinculado al modernismo y fue ilustrador de famosas revistas de la época como *Nuevo Mundo*, *Blanco y Negro*, *La Esfera*, etc.

El año de su publicación, 1906, tendrá lugar un gran cambio en la vida de Muñoz. En efecto, para un joven sen-

Figura 4: Cubierta de la novela *Voluptuosidad* (1906), un catálogo de refinadas 'perversiones' sexuales para los sibaritas y refinados decadentes, con ilustración de Demetrio Monteserín

sible y atraído desde siempre por los valores estéticos del orientalismo, supone un descubrimiento decisivo el traslado de su padre, militar de alta graduación para esas fechas, a la plaza española de Ceuta (a que antes aludieran las palabras de Cansinos Assens por boca de Villaespesa). Una vez allí, Isaac Muñoz entrará en contacto con la realidad de Marruecos, por lo que pronto la fascinación vital que ya parecía correr por sus venas granadinas se entremezclará con una minuciosa recreación literaria, dejando de lado la suerte de 'Oriente doméstico' que encarna el pasado arábigo-andaluz tan visible en Granada para alimentar su anhelo con un presente tan rico en vivencias como propicio al sueño.

Así, deslumbrado por un mundo que ofrece una alternativa a su hiperestésica sensibilidad, hastiada de la vulgaridad que representa la vida burguesa, Muñoz pronto mimetiza literariamente la realidad oriental. Se trata del artista que cree en la estética como aspiración suprema y pauta, dentro de un mundo que considera caduco y triste. El escritor granadino no ocultará su adopción en todo momento de una actitud esteticista ante el Oriente.

Pero, como ya se ha adelantado, además de seguir la corriente orientalista finisecular, la obra de Isaac Muñoz se convierte en un reflejo de todas las contradicciones y ambigüedades presentes en la crisis finisecular. Así, un refinado erotismo decadente preside su obra literaria, lo que se plasma en sus peculiares novelas, ornadas buena parte de ellas con seductoras cubiertas de bello diseño, firmadas algunas de ellas por prestigiosos pintores de la época como el ya citado Demetrio Monteserín, o el cordobés José Moya del Pino, quien había iniciado su formación en Granada, para culminarla en Madrid. Vinculado a comienzos del siglo XX con el modernismo (de hecho, se tiene conocimiento de que participaba asiduamente en las tertulias del Café Nuevo Levante, en la calle Arenal de Madrid, donde conocería a Ramón del Valle-Inclán), Moya del Pino fue ilustrador de toda una serie de escritores, destacando precisamente las obras de Valle, al que, además, inmortalizó en diversas caricaturas. Más tarde alcanzaría enorme prestigio como docente y como muralista en la ciudad americana de San Francisco a partir de la década de los '30, hasta el punto de que se le pondría su nombre a una biblioteca local, a la que el artista donó su colección particular de libros. Conocido también por su faceta como retratista, pintaría al propio Isaac Muñoz, ataviado a la usanza árabe que le fue tan querida (Figura 5), reproduciéndose el retrato en el periódico *Heraldo de Madrid*, como prueba de la especial estima en que se tenía al escritor en este medio de prensa. Por desgracia, se desconoce el paradero actual del original de dicha obra, contándose tan sólo con la versión coincidente que nos proporcionan este periódico el 20 de septiembre de 1912, así como *Excelsior. Diario gráfico de la tarde*, que reproduce el cuadro el mismo día, aportando algún dato más en el texto de pie de foto: "Retrato del gran escritor Isaac Muñoz, hecho en Marruecos, en el palacio de Muley Ahmed, por el genial artista y explorador Moya del Pino". Dicha edificación, situada en Arcila y conocida también como 'Palacio de las Lágrimas', fue construida de manera suntuosa en 1909 por orden de Muley Ahmed al Raisuni, quien había sido nombrado gobernador de Yebala, y del que se ocuparía asiduamente Isaac Muñoz en sus artículos. En ese sentido, se puede recordar que el escritor granadino publicaría tan sólo un año después de la difusión de su retrato la obra de estudios titulada *En tierras de Yebala* (1913).

Figura 5:
Retrato de Isaac Muñoz
por José Moya del Pino

Tras *Vida* y *Voluptuosidad*, llega un año especialmente fecundo para el granadino, quien ve publicarse tres obras. Comenzaremos por la singular novela *Morena y trágica* (1908), desventurada historia de amor entre una gitana del Sacromonte granadino y un misterioso joven de ascendencia judía. Esta obra, además, presenta toda una serie de similitudes con el libreto de la famosísima obra *El amor brujo* (1915) de Manuel de Falla, que fue escrito por una autora tan vinculada, por un lado, con el naciente modernismo –en que se inserta Isaac Muñoz– y, por otro, con Granada, como es María Lejárraga, por lo que no sería descabellado plantearse la posibilidad de que ella pudiera haber tenido conocimiento previo de la novela de Muñoz.

De entre las numerosas reseñas que sus libros recibirían, mayoritariamente por parte de autores vinculados, como él, con la nueva literatura, se puede recordar quizás una significativa cita de la que escribió el novelista y poeta Andrés González-Blanco, crítico literario tan generoso como profusamente erudito, quien publicó en junio de 1910 en la revista *Nuestro tiempo. Ciencias y Artes. Política y Hacienda*:

Isaac Muñoz es un artista, plenamente artista y nada más que artista. Las palabras le fascinan como piedras preciosas. Tiene el gusto oriental de las descripciones pomposas, del estilo resplandeciente como una gema. Sólo la vida le interesa; y luego la vida traducida en frases. Es de los que piensan que el mundo ha sido hecho para llegar a un buen libro. Por eso no es extraño que le preocupe escasamente la moral y la sociología. Sus novelas no son edificantes, ni a cien leguas de ello. Son novelas llameantes de lujuria africana; novelas cuyas páginas están calcinadas por un sol de fuego (González-Blanco, 1910: 80-81).

De ese año 1908 data el texto misceláneo de reflexiones estéticas, filosóficas y vitales, en forma dialogada entre dos personajes, de los que uno parece encarnar, siempre con la debida cautela y ciertos matices, la voz de su autor, titulado *Libro de las Victorias. Diálogos sobre las cosas y sobre el más allá de las cosas* (1908). Curiosamente, encuadernado en el mismo volumen, aunque sin que conste en la cubierta, portada ni portadilla interior, se ofrece al lector otro texto, independiente del primero y absolutamente delicioso, donde bajo el título de *Libro de Agar la Moabita*, se muestra lo que se podría considerar una suerte de peculiar glosa del bíblico *Cantar de los cantares*, una sugerente versión modernista-decadente del mítico epitalamio bíblico, que tanto atrajera a una autora tan querida por Muñoz como fue santa Teresa de Jesús:

1- Esta es mi canción por la que ha pasado la voz de *Jehovah*.

2- Ella era dulce como el fruto moreno de la palmera, y su nombre era como el olor de un nardo en la noche.

3- Y yo te amé porque la diosa sonreía en tu rostro a la luz de la luna.

4- Y fuiste para mí como mirra que ungiera mi cuerpo.

5- Y entraste en mi cámara como la luz de una lámpara en medio de las tinieblas. [...]

19- Vino de *Engaddi* era para mí tu boca, y tus besos suaves del sabor de las manzanas.

20- Y tú eras hermosa entre las hermosas, y un lucero azul brillaba alto sobre tu frente.

21- Y nuestra cámara era de oloroso cedro, y nuestro lecho de nardos y de sedas de Damasco.

En 1909 ve la luz su novela *La fiesta de la sangre*, donde se relatan las rencillas entre opuestas tribus magrebíes, en un ambiente de refinada sensualidad. Del éxito que pudiera tener habla de manera elocuente el hecho de que cinco años más tarde, en el año 1913, fuera reeditada, ahora con el título de *Un héroe del Mogreb*,[1] e incluyendo una de esas llamativas cubiertas ilustradas a las que antes se aludió (Figura 6). Dicha reedición se llevó significativamente a

---

1. Conviene hacer notar que Isaac Muñoz, en una etapa aún muy vacilante en la trascripción occidental del árabe, opta por vocalizar siempre "Mogreb" (y sus derivados "mogrebino", "mogrebina"), en lugar del hoy generalizado "Magreb".

cabo en París, por parte de la consolidada Casa Editorial Garnier Hermanos, que publicaba abundantes títulos en español, destinados sobre todo a su distribución y venta en Hispanoamérica, lo que constituía un floreciente negocio en los primeros años del siglo XX.

Figura 6:
Cubierta de la novela
Un héroe del Mogreb

En 1910 aparecerán dos obras firmadas por Muñoz, que presentan una serie de puntos en común: la evocación del mundo antiguo y fastuoso de la nobleza, los amores torturados, la mujer fatal capaz de llevar al hombre a su perdición, y, por supuesto, el esteticismo a ultranza, plasmado en escenas con profusión de detalles sensoriales. Pero también comparten un espléndido soneto dedicado al autor por Francisco Villaespesa, que lleva por título "Isaac Muñoz":

Tarde llegaste al mundo. Tu sueño odia el reposo;
amas el fasto antiguo, la guerra y el amor,
y cruzas por la vida, callado y desdeñoso,
igual que un desterrado y noble emperador.

Tienes el gesto altivo del que perdió un imperio,
Labios de César Borgia, pupilas de Don Juan...
Surge tu busto heroico del fondo del Misterio
como del claro obscuro de un cuadro de Rembrandt.

De todas las bellezas adora tu alma fuerte
la trágica y sangrienta belleza de la Muerte...
El águila bicéfala en tu aislamiento anida.

Ciña el laurel de Apolo tu altiva sien de Marte,
y ya que ser no puedes César Borgia en la vida,
serás el César Borgia dominador del Arte.

Ambas obras evidencian también, por supuesto, radicales diferencias, empezando porque *La sombra de una infanta*, escrita en verso, será el único poemario del que fue autor el granadino a lo largo de toda su vida, mientras que con *Alma infanzona* retoma el género novelístico con el que se siente a todas luces tan identificado. Se trata de una narración diseñada bajo la célebre divisa del renacentista César Borgia, "*Aut Caesar aut nihil*", que inspirará de igual modo la narración barojiana *César o nada*, que iba a ver la luz en el mismo año, tan sólo unos pocos meses más tarde. La fascinación por la mítica figura del hermoso y maquiavélico hijo natural del Papa Alejandro VI evidencia una significativa influencia nietzscheana filtrada en el caso de Muñoz a través de su muy admirado el escritor italiano Gabriele D'Annunzio (1863-1938). Se tiene conocimiento, además, gracias al periódico madrileño *Excelsior* del 6 de septiembre de 1912, de que Isaac Muñoz tenía previsto en esas fechas la preparación de una obra que se iba a titular "Tragedia sobre los Borgia", de la que nada se volvió a saber.

Como bien explica Gonzalo Sobejano, en su ya clásico estudio *Nietzsche en España*: "Ser poderoso es privilegio de los mejores. Los mejores son los fuertes, los orgullosos, los libres, los dominadores, los artistas" (Sobejano, 1967, p. 257). Y en *Alma infanzona* de Isaac Muñoz, ese "ser mejor" se asociará con una suerte de aristocracia del espíritu (como la invocada, entre otros, por Manuel Machado en su célebre composición "Adelfos"), de la sensibilidad, sí, pero también la antigua aristocracia señorial que hunde sus raíces en la historia de España y que viene representada por la imagen del hidalgo, que se extenderá fértilmente por las obras literarias, artísticas y teatrales del periodo. De ahí que el título de la obra combine dos palabras altamente connotativas en la época, como son "alma" e "infanzona".

Está claro que 1910 resultó un año especialmente intenso para Isaac Muñoz, quien en el mes de julio es pensionado por el Ministerio de Instrucción Pública para hacer "investigaciones literarias e históricas en Marruecos", según informa 25 de julio de el periódico *ABC*, en su página 15. Quizás por ese motivo su producción literaria se resiente y al año siguiente, coincidiendo, además, con el momento en que se inicia la intensísima colaboración del escritor con el periódico *Heraldo de Madrid*, donde, como ya se adelantó, llegará a ser muy valorado, Isaac Muñoz sólo da a conocer, el 20 de enero de 1911, una breve obrita en el terreno de la creación. Su título es *Los ojos de Astarté* y aparece incluida en la colección de literatura breve, *El Cuento Semanal*, que había sido fundada en 1907 por el también escritor Eduardo Zamacois, adquiriendo enseguida un fulgurante éxito. Tratándose de una colección muy valorada por el público, y en la que las colaboraciones (siempre bajo encargo, pues tenía a gala presentar firmas de

AMBIGVA Y CRVEL

NOVELA SIRIA 🙿 🙿 🙿 🙿 🙿 🙿

🙾 🙾 🙾 🙾 POR ISAAC MVÑOZ

Figura 7: Cubierta de la novela *Ambigua y cruel*,
con ilustración de José Moya del Pino

primera fila) estaban muy bien pagadas, la mayoría de los autores reutilizaban material anterior, que resumían, refundían o retocaban.

Sin embargo, el caso de Isaac Muñoz resultará un tanto diferente, ya que *Los ojos de Astarté* vendría a ser una versión inicial, aunque con apenas cambios, de la novela que ve la luz al año siguiente, 1912, bajo el título, en este caso, de *Ambigua y cruel* (Figura 7), con portada de José Moya del Pino.

Ambas obras conexas, *Los ojos de Astarté* y *Ambigua y cruel*, vuelven a situar la narración, escasa y de marcado carácter descriptivo, en un Oriente idealizado, al igual que sucederá en sus siguientes novelas, como *Lejana y perdida* (1913), que presenta como interesante innovación el hecho de que, al habitual Oriente musulmán tan caro a Isaac Muñoz, incorpora también, y bajo un similar velo de admiración fascinada, los territorios lejanos de India y China, lo que añade un grado aún mayor si cabe de cosmopolitismo refinado, evidenciado de manera muy gráfica por la bellísima ilustración de cubierta, que se debe nuevamente a la firma de José Moya del Pino (Figura 8).

En 1914 Isaac Muñoz lleva a cabo un procedimiento similar al usual ya comentado, al publicar el relato *Bajo el sol del desierto* en otra colección de literatura breve muy conocida, como es *El Libro Popular*, y con muy pocas variantes, la misma obra en volumen exento con el título de *Esmeralda*

Figura 8: Cubierta de la novela *Lejana y perdida*,
con ilustración de José Moya del Pino

de Oriente. Con estas narraciones la acción retorna al escenario predilecto de Isaac Muñoz, es decir, el Magreb.

Por lo tanto, a poco que uno se acerque a la obra literaria de Muñoz, no tarda en percibir que una de sus características principales viene dada por su apasionado orientalismo. Tal y como lo describiera su coetáneo *Dorio de Gadex* (seudónimo de Antonio Rey Moliné, cuyo nombre literario resulta conocido del lector actual sobre todo porque Valle-Inclán lo incorporó como personaje en su inmortal obra dramática *Luces de bohemia*):

Isaac Muñoz es como un príncipe árabe (Figura 9), joven, bello, orgulloso y melancólico, que contara maravillosas historias de su alma entre el laudo sonar de las fuentes y en la gracia divinamente sensual de una tarde mogrebí (*Dorio de Gádex*, s.f.: 99)

Expulsado del paraíso de la seguridad espiritual, el artista finisecular deberá lanzarse a la búsqueda de un sueño consolador que le abra las puertas del edén perdido. Como afirma Ricardo Gullón en su clásico estudio *Direcciones del modernismo*, de título elocuente, aludiendo a las diversas corrientes en que se encauza el movimiento modernista:

No sería exagerado decir que en algunos casos el modernista se encontró a sí mismo en el exotismo, o, dicho de

Figura 9: Retrato de Isaac Muñoz
en el *Catálogo de la Librería de Gregorio Pueyo* (1923)

otra manera, el exotismo le sirvió para crear una imagen de sí que el ambiente le negaba y le dio seguridad respecto a su identidad (Gullón, 1991: 81)

El exotismo podía conducir a los sitios más diversos; y no importaba tanto cuál fuera su ubicación ni la forma concreta de ese mundo distante, sino, sobre todo, su posibilidad de contradecir la vulgaridad y medianía del mundo propio: lo que *Dorio de Gadex* llama "la vida opaca y amorfa del escritor de España" (*Dorio de Gadex*, s.f.: 102). Para ello, se necesitaba de un lugar remoto, bien fuera en el espacio o en el tiempo, puesto que la distancia contribuía a hacer más improbable la decepción.

En su novela *Lejana y perdida*, de 1913, Muñoz escribe un pasaje muy revelador en este sentido, donde se hace palpable el fuerte poder de evocación que se confiere a los nombres geográficos de lugares lejanos y supuestamente fascinantes:

Sonaban nombres maravillosos, El Cairo, Singapoore, y estos nombres de hechizo traían como un aroma de olvido y como una iluminación fosforescente.
Alegría edénica y salvaje de los fabulosos lugares vírgenes (Muñoz, 1913: 57-58).

Los adjetivos "edénica" y "vírgenes" remiten, claro está, hacia esa búsqueda desesperada de sentido que se ven obligados a emprender aquellos artistas sorprendidos por la crisis de fin de siglo, que se sentían poseedores de una sensibilidad distinta. Dicho lugar de huida debía caracterizarse por una considerable dosis de pureza, erigiéndose como espacio incontaminado, "salvaje". Según explica Ricardo Gullón:

> Alienado de la realidad, y no sólo de la sociedad, el hombre moderno –modernista– ha de enfrentarse con el hecho dramático de su soledad. Al descender a los abismos, busca estimular su sensibilidad con lo irracional y encontrar una esfera extrasocial y primitiva (Gullón, 1991: 81)

Isaac Muñoz encontrará definitivamente ese territorio virginal en el Oriente, tan prestigiado literariamente desde el romanticismo, como lugar donde realizar los íntimos sueños. Y es que, según advierte Luis Antonio de Villena, como ya se adelantó, uno de los valedores actuales de la rica prosa del granadino:

> Aunque el orientalismo islamita (en pintura y literatura) nace como tema en el Romanticismo, es el Simbolismo –la época simbolista– la que lo erigió y profundizó como parada exótica, como exacerbado apetito de otra realidad (Villena, 2000: 9)

Así pues, Isaac Muñoz va a considerar, siguiendo las tendencias orientalistas de la época, que Oriente es la cuna de la civilización y de la cultura, y, aunque inclinado hacia todos los exóticos lugares que pueda abarcar su imaginación, tanto en Asia como en África, centrará su interés en el Oriente islámico, preferentemente las tierras del Magreb y Egipto, país este por el que demostraría una especial fascinación desde muy joven, como luego se tendrá ocasión de ver. En este sentido, se puede recordar su esteticista y suntuosa novela decadente titulada *La Serpiente de Egipto*, ambientada en el Egipto de los faraones, que quedó inédita a su muerte y que, conservada en manuscrito, fue editada por primera vez en 1997 con un amplio estudio introductorio en el que se analiza precisamente la fascinación del autor por la tierra de los faraones, unida indisolublemente con un suntuoso esteticismo que parece convertir cada página en una recamado joya tallada con esmero por un orfebre.

Si ya antes se señaló la visible influencia que sobre el escritor granadino parece haber ejercido Friedrich Nietzsche, tan evidente en diversos pasajes de sus obras, quizás no esté de más recordar, en relación con algún fragmento de esta novela en que se muestra el prototipo tan finisecular de la mujer fatal en su máximo esplendor, la siguiente cita nietzscheana: "Cuando miras largo tiempo al abismo, el abismo también mira dentro de ti". Así, en efecto, lo experimentará el protagonista masculino de *La Serpiente de Egipto*, pero también, en buena medida, su creador:

En torno del cuello, largo y ágil, de un rico tono de dátil, centelleaba un collar de piedras preciosas. Raros e inquietantes amuletos temblaban sobre sus pechos leves y erectos. Un ancho paño blanco bordado de turquesas ceñía escuetamente sus caderas enjutas, de una fina elegancia de gacela.

Sus brazos, cargados de pesados brazaletes de oro, tenían la ondulante flexibilidad de dos serpientes, y sus piernas nerviosas participaban de esa gracia ligera y fugitiva de las extremidades aterciopeladas de las fieras.

Como una gran flor tenebrosa se inclinó hacia Thotmet, y le ofreció sus labios llenos y sedientos.

El encanto de aquella mujer diabólica penetró en las entrañas del príncipe, y las abrasó como un veneno.

Lenta, cruelmente, besó sus labios ensangrentados, y aspiró todo el aroma divino y mortal de su preciosa carne apasionada.

Sus ojos, que tenían la expresión misteriosamente inmutable de las pupilas de las esfinges, fascinaban a Thotmet, perturbándole como la atracción angustiosa de un abismo (Muñoz, 1997: 128).

Su interés por el Oriente se va a plasmar no sólo en sus novelas y obras de creación literaria, sino también en los varios cientos de artículos que escribió para numerosísimas publicaciones periódicas. En este sentido hay que destacar que la labor periodística de Isaac Muñoz resultó amplísima, tanto en extensión, como en variedad de ámbito geográfico y de tipología. Así, Muñoz comenzó estrenando su firma en revistas locales de las ciudades relacionadas con su infancia y adolescencia, tales como *La Crónica Meridional* (Almería) o *Idearium* (Granada), pero pronto se vincularía con revistas estandarte del naciente modernismo, como las creadas y dirigidas por el siempre inquieto Francisco Villaespesa: *Renacimiento Latino* o *Revista Latina*, de la que Isaac Muñoz fue secretario. No limitado a este marco literario, el escritor granadino colaboró con numerosos periódicos como *El Día* (Madrid), *Excelsior* (Madrid), *El Telegrama del Rif*, *Diario de Reus*, *La Palabra Libre*, *Diario de avisos*, *La Tarde* (Palma de Mallorca), etc., debiéndose destacar, en este sentido, su colaboración durante cerca de una década con el prestigioso diario *Heraldo de Madrid*, uno de los más importantes de las primeras décadas del siglo XX, como ya quedó dicho. Además, publicó innumerables reportajes y crónicas (muchos de ellos, de temática orientalista) en revistas de la época, como *La Alhambra*, *Europa*, la argentina *Caras y caretas* –muy célebre y difundida en esos años–; y, de manera muy especial, en las popularísimas y notorias *La Esfera*, *Nuevo Mundo* y *La Ilustración Española y Americana*.

Con frecuencia, y siguiendo una costumbre muy habitual en la época, recogió luego buena parte de sus artículos en volúmenes independientes, como *La agonía del Mogreb* (1912), *Política colonista* (1912), *En el país de los Cherifes* (1913), *En tierras de Yebala* (1913) o una obra especialmente llamativa, y con un más que destacable interés gráfico, en que bajo el título de *La corte de Tetuán* (1913), Isaac Muñoz recoge toda una serie de entrevistas que celebró con distintas personalidades significativas del Tetuán de la época (Figura 10), con los que se retrató en preciosas fotografías, que, tras haberse reproducido primero en las páginas del *Heraldo de Madrid*, aparecieron luego, con una calidad mucho mayor, en las páginas de este libro.

Por lo demás, lo largo de sus documentados reportajes y ensayos sobre los territorios del norte de África y el colonialismo, Isaac Muñoz permite entrever la cercanía de su pensamiento con el de ciertos sectores progresistas del partido liberal, que propugnaban la integración de Marruecos en un proyecto global que perseguía la regeneración de España y que partía de la consideración de un pasado histórico con raíces comunes. El acercamiento fascinado de Isaac Muñoz preservaría el Magreb como lugar idílico, intacto, ajeno a la monocorde sociedad burguesa. Conjugando esta visión esteticista con los intereses políticos que,

Figura 10: Isaac Muñoz con su Alteza Imperial el Jalifa Muley El-Mehdi. Fotografía incluida en el libro *La Corte de Tetuán* (1913)

lúcidamente, defiende el escritor en un tiempo de acendra-
do imperialismo, nos encontraríamos con una propuesta,
quizá algo utópica, de relación armónica entre los dos países, hermanados al fin y al cabo por siete siglos de convi-
vencia e intercambio cultural. De este modo, se puede afirmar que el proyecto que defiende el escritor granadino se
inscribiría, como explica la hispanista Andrée Bachoud,
"...en una especie de mística regeneradora gracias a la cual
los dos países tendrían por fin la posibilidad de reanudar el
curso de su historia común, desviada de su trayectoria
necesaria por una especie de fatalidad racial; podrían así
resucitar la grandeza que tuvieron juntos en el pasado [...].
Se trata, sin duda, de una mística que hunde sus raíces en
la nostalgia de una Edad Media hispano-árabe, épica y sensual, redescubierta desde la perspectiva estetizante del
romanticismo, con las aportaciones intelectuales y críticas
de la generación del 98" (Bachoud, 1988: 330-331)

No obstante, conviene tener en cuenta que la literatura
representa un discurso ideológico complejo que no obede-
ce a una lógica inflexible y lineal, por lo que con frecuencia
muestra facetas en contradicción. De este modo, puede
explicarse la extraña mezcla de apasionada atracción por la
realidad musulmana, así como el deseo ardiente por pre-
servar sus formas intactas ante el avance inexorable de la
sociedad mercantilista y pragmática burguesa, que predomina en sus obras de creación, junto a una indisimulada

tendencia proteccionista hacia una zona que se considera subdesarrollada desde el punto de vista de Occidente, y que suele percibirse en sus artículos y ensayos. A pesar de estas contradicciones que convierten el discurso de Muñoz en materia susceptible de ser estudiada desde la noción de "orientalismo" propugnada por Edward Said en su clásico y celebérrimo ensayo, las posiciones que adopta con respecto a la situación colonial de Marruecos pudieron perfectamente ocasionarle enemistades o rechazos. Este factor, unido al intenso, aunque refinado contenido erótico de sus novelas, debió de influir no poco en la exclusión de los paradigmas oficiales de este autor, cuyas características, evidentemente, se encontraban en franco desacuerdo con el canon de valores establecido.

Es decir, habría que plantearse probablemente en términos ideológicos la desaparición de un escritor valioso e interesante en muchos aspectos como Isaac Muñoz. Sucintamente, se pueden enumerar tres factores que contribuyeron de manera decisiva a su exclusión del canon oficial. Por un lado, sus postulados con respecto a la situación de Marruecos chocaban considerablemente con las tesis intervencionistas oficiales. Por otro lado, una concepción transgresora de la literatura y el arte, vinculada directamente con la consigna finisecular de "escandalizar al burgués" (*épater le bourgeois*), a la vez que un sentido de la relación sexual como vía de trascendencia, hicieron de las novelas de Muñoz un ejemplo prototípico del erotismo decadente, en abierta oposición con la moral imperante. Por último, la misma concepción innovadora que proponía el modernismo conlleva el que sus obras disientan de las convenciones literarias establecidas y rompan la separación entre géneros desde su propio núcleo, con la escritura de novelas que reflejan características propias de la poesía y que muestran un escaso desarrollo de la acción y un predominio de la morosidad descriptiva. Todo ello posibilita y condiciona el que Isaac Muñoz fuera considerado en su día como un autor minoritario y marginal. Posteriormente la historia literaria oficial, que, como toda norma triunfante, margina y relega a un segundo plano todo aquello que escapa a sus límites, se encargaría de eliminar un elemento distinto, un elemento en todo extraño al sistema, y actuaría mediante el procedimiento más eficaz: el del silencio.

Ya un año antes de morir Isaac Muñoz, el que fuera su compañero y amigo en la lucha por la renovación literaria y en la defensa de la alteridad orientalista, el ya mencionado Rafael Cansinos Assens, se lamentaría de la desaparición prematura de su nombre en el mundo literario:

¿Qué se hizo de aquel gran poeta, cuyo ardor juvenil celebró fiestas de amor y sangre en libros solemnes como tálamos y como palenques? ¿Qué aprecio guarda la generación actual para Isaac Muñoz, el árabe granadino que, inspirado por el genio trágico del Islam, escribió *Alma infanzona*, *Lejana y perdida*, *Voluptuosidad* y *La fiesta de la sangre*? A propósito de esos libros admirables, la crítica, representada por Gómez de Baquero, habló de preciosismo y de un vano derroche de facultades imaginativas. Diríase como que lamentaba, asustada y compadecida, aquella suntuosa fiesta de la metáfora, aquella prodigalidad de la imagen, del dinar y la perla; aquel jubiloso fluir de la sangre literaria… Esa es la actitud tradicional de nuestra crítica ante esas manifestaciones atávicas del genio oriental (Cansinos Assens, 1999: 9).

De este modo, durante décadas, Isaac Muñoz bien podría haber sido considerado un "ciudadano del olvido", parafraseando el título del poemario que Vicente Huidobro publicara en 1941. En ese olvido silencioso permanecía aún cuando, en el año 1990, escuché por primera vez su nombre.

Yo había acabado la carrera universitaria de Filología Hispánica, y me disponía a iniciar los estudios de Doctorado. Comenzaba entonces una de las constantes que luego han configurado mi devenir profesional, centrando mi trayectoria como investigadora en una línea de recuperación de escritores considerados no canónicos. En ese sentido mi maestro y colega Richard Cardwell, de la Universidad de Nottingham, siempre me ha definido como una "Sherlock Holmes de la literatura", refiriéndose a un determinado "fino olfato detectivesco" puesto de relieve.

Y es que, como recuerda el profesor (y poeta) Guillermo Carnero:

Entender la Historia como un desfile de notables es peligrosa metodología; los fenómenos y procesos –dentro de los cuales muestran los mejores sus verdaderos quilates– se pierden de vista, y se cae en el error de omitir aquellos que no fueron encarnados por personalidades de primer orden ni se tradujeron en obras de especial relevancia (Carnero, 1995: XLVI).

Así pues, con un planteamiento de la historia literaria en todo ajeno a ese "desfile de notables" a que hace alusión Carnero, en 1990 se inició mi peculiar relación con un autor del que apenas nada se sabía, y del que pronto descubrí que era misterioso y fascinante. Acababa de dar comienzo –aunque aún lo ignoraba– una larga y peculiar historia común que dura ya más de tres décadas, una relación que bien podría definirse, utilizando el significativo título de la novela homónima de Antonia S. Byatt, como una suerte de 'posesión'. Para quien no conozca esta novela, explicaré tan sólo brevemente que relata el apasionante vínculo que se establece entre dos profesores universitarios británicos –ella y él– y su objeto de estudio, constituido por el paulatino desvelamiento del hallazgo de una sorprendente trama literaria victoriana. La 'posesión' a que alude el título se refiere, evidentemente, al alto grado de implicación emocional que ambos protagonistas alcanzan en su proceso de búsqueda. Así, ella llega a manifestar en un momento dado: "Yo lo que quiero es… seguir… el camino. Siento que esto me tiene dominada. Quiero saber qué pasó, y quiero ser yo quien lo averigüe. […] No es codicia profesional. Es algo más primitivo". A lo que su compañero le responde, definiendo: "Curiosidad narrativa".

Bien, pues "curiosidad narrativa" se puede denominar también lo que yo iba a sentir muy pronto. Para poder reconstruir lo que poco tiempo después supe que había sido una compleja trayectoria literaria y biográfica en el caso de Isaac Muñoz, enseguida me hallé inmersa en lo que verdaderamente se parecía mucho a una pesquisa detectivesca. De hecho, y continuando con la novela *Posesión*, su protagonista femenina afirma significativamente que "El crítico literario es detective por naturaleza". Y así es. El nombre y la producción literaria de Muñoz se encontraban ausentes en la inmensa mayoría de las obras de referencia, y apenas si aparecían mencionados por muy contados críticos y estudiosos. Entre ellos, Eugenio de Nora, quien en su conocido estudio *La novela española contemporánea* (1973) reivindicaba el interés de un escritor tan arbitrariamente postergado:

Ninguno de los narradores dignos de cierta consideración pertenecientes a esta época todavía cercana ha caído en un más absoluto e injusto olvido que Isaac Muñoz […]; hay mucho en él, si no de genial, de valioso: un fuerte y violento temperamento d'annunziano, enamorado de lo primario –la crueldad, la lujuria y la muerte como acicates potenciadores del instinto vital–, y una fabulosa riqueza verbal, de origen no solo "orientalista", sino finisecular y decadente [...].

[...] por la exaltación lírica de sus novelas, por su forma autobiográfica, y por la torturada búsqueda de un algo inconcreto y casi metafísico a través del desenfreno desgarrador o gozoso de la sensualidad, Muñoz es un escritor erótico, pero más cerca (en la sustancia, no en la expresión) de Henry Miller que de Felipe Trigo.

En mi recopilación primera de información en torno a Isaac Muñoz pronto constaté una realidad, que no resulta en absoluto infrecuente en las investigaciones acerca de autores considerados secundarios, como he podido comprobar después en muchos otros casos: los pocos estudios que mencionaban su nombre recogían una serie de errores de tipo biográfico, que se habían ido reiterando a lo largo de los años, perpetuándose sin que nadie se hubiera molestado nunca en comprobar su veracidad. Estos errores o inexactitudes hacían referencia, sobre todo, a sus fechas de nacimiento y muerte, pero también a otros detalles menos relevantes. Así, hasta 1994 todos los estudios y obras de referencia –¡incluso hasta los coetáneos al escritor!– coincidían en señalar 1885 como el año de su natalicio, y 1924 como el de su fallecimiento, en lugar de los correctos 1881 y 1925, ahora ya establecidos documentalmente. En cuanto a la primera de las fechas, se puede suponer como hipótesis fiable que fuera el propio autor, con una costumbre mucho más habitual en escritores de la época (incluso muy principales), de lo que se podría suponer quien contribuyera a la confusión, mixtificando la fecha de su nacimiento con la intención de parecer varios años más joven. Y por lo que se refiere a la cronología de su desaparición, el error parece provenir de una nota a pie de página que intercala el polifacético escritor citado ya varias veces, Rafael Cansinos Assens, en la segunda edición del volumen II de su obra *La Nueva Literatura*, donde afirma textualmente:

En el pasado año de 1924 ha fallecido este personalísimo escritor, que quiso dotar de la misma magnificencia exótica a su obra y a su vida, envolviendo en nubarradas de mirra oriental su cédula de hombre civil y moderno (Cansinos Assens, 1998: 289).

Pero lo cierto es que el fallecimiento se había producido, no en 1924, sino en los primeros meses de 1925, en concreto, el día 7 de marzo, tras una larga y penosa enfermedad que había supuesto para el autor su completo alejamiento del mundo literario. Así pues, el propio Cansinos constatará que "Su muerte llegó cuando casi se había olvidado ya su vida; su nombre era apenas conocido de los jóvenes" (Cansinos Assens, 1998: 290).

Mencionar a Cansinos Assens implica recordar una figura que supuso, sin duda, una importante fuente de luz en el complicado proceso indagatorio. Si bien ahora los datos recopilados aparentan reconstruir con facilidad una biografía completa, que semeja mostrarnos a Muñoz casi en una imagen holográfica, en su momento no parecían ser sino piezas sueltas de un puzzle, la mayoría de las cuales permanecían, además, ocultas o perdidas. De hecho, durante un tiempo tuve la sensación de que investigaba casi a ciegas, y de que el tema que había elegido para mi tesis doctoral era poco menos que el de un escritor fantasma, al que prácticamente nadie parecía conocer. Pero entonces el camino comenzó a abrirse. Primero fue el fruto cosechado en archivos y otros centros documentales, siendo los más significativos el Archivo Histórico de la Universidad de Granada y el Archivo General de la Administración (Alcalá de Henares, Madrid), donde me proporcionaron los expedientes académicos de Isaac Muñoz en las Universidades de Granada y Madrid, además de ofrecerme otra serie de importantes datos biográficos, contenidos sobre todo en su Certificado de Nacimiento. Fue así como pude averiguar la filiación de sus padres y abuelos, así como descubrir que el nombre verdadero del escritor era el compuesto "José Esteban Isaac".

Simultáneamente, y con la extrema paciencia de una época anterior a buscadores de internet y a cualquier tipo de digitalización, pude ir recuperando buena parte de su producción literaria, que se hallaba en la Biblioteca Nacional, aunque incluso allí se encontraba incompleta. Pero entonces, avanzados ya estos primeros pasos que semejaban ser casi compartimentos estancos, se hizo el milagro de la luz, al encontrar las obras de Rafael Cansinos Assens, y fundamentalmente dos: la ya mencionada *La Nueva Literatura* y su riquísimo texto autobiográfico *La novela de un literato*.[2] Allí, ante mis ojos sorprendidos, Isaac Muñoz dejaba de ser un mero objeto de estudio, y cobraba vida, revelándose aún más como una figura enigmática y atrayente, dotado de fuerte personalidad y absolutamente fascinado con el poético Oriente que evocarán pintores y poetas desde el siglo XIX. De este modo manifestaba su vitalismo esteticista radical y su pasión orientalista:

¿No ve usted qué luz tan lívida y qué viento tan frío?
¡Oh, el Sol de mi Marruecos! ¡Si siquiera tuviésemos aquí ese sol! ¡Helios! El Sol es mi dios… Yo soy un oriental…

2. Posteriormente, Isaac Muñoz aparecerá también como personaje en otro texto autobiográfico del mismo autor, bajo cuyo protagonista principal se reconoce claramente a Cansinos Assens, aunque aparezca encubierto por un seudónimo. El resto de los personajes se muestran, sin embargo, con su nombre verdadero. Se trata de la novela *Bohemia*, publicada de manera póstuma en 2002.

"Soy de la raza mora, vieja amiga del Sol" –¿qué admirables esos versos de Machado, verdad?–… "Tengo el alma de nardo del árabe español..." Y me consumo en esta tierra absurda y triste de Castilla, rodeado de vulgaridad y fanatismo cristiano…, de infanzonas e inquisidores…, que ya ni siquiera queman a nadie…

¡Oh, sería bello morir en la hoguera, consumirse en la llama como una mariposa!... *¡La fiamma é bella!*... *¡La fiamma é bella!*... ¡Pero no!... aquí nos morimos de fealdad y de frío… ¡Qué indumentaria tan grotesca la europea!... Echo de menos mi alquicel moruno, mi blanco turbante… Alguna vez he salido así en verano, por la noche, con Villaespesa… Pero si saliese así de día, me apedrearían los golfos… Este Madrid es un poblacho…

¡Oh mi Tetuán encantado, mi palacio árabe, mi esclavito Hamid, con su frente tachonada por un lucero!... (Cansinos Assens, 1982: 149).

La obra de Cansinos Assens ofrecía una serie de datos que constituyeron sin duda la pista que andaba necesitando, el cabo de hilo con el que orientarme en el laberinto, además de permitirme escuchar, siquiera fuera a través de un filtro, las propias y expresivas palabras de Muñoz. De entre esos datos, fundamental resultó la mención de que el padre de Isaac Muñoz era militar de alta graduación destinado en Ceuta en los primeros años del siglo XX. Dicha pista me encaminó hacia el Archivo General Militar de Segovia, donde me facilitaron la Hoja de Servicios de Hipólito Pablo Muñoz de Solano, progenitor de Isaac. Además de lograrme explicar que su nacimiento tuviera lugar en Granada, así como los sucesivos cambios de ciudad que vivió el futuro escritor durante su infancia y juventud –que coincidieron, claro está, con los sucesivos destinos del padre–, aquellos documentos ofrecieron un indicio que iba a ser crucial en mi investigación, a pesar de su aparente nimiedad. Hipólito Pablo solicita en una instancia fechada el día 9 de septiembre de 1911 permiso para contraer matrimonio en segundas nupcias, pues había enviudado de la madre de Isaac varios años antes. Dicho documento indicaba que el enlace se celebraría en la Capilla de la Sacra Familia, en el propio domicilio familiar del interesado en su localidad natal de Tendilla, en Guadalajara. Era lógico pensar que una casa que albergara una capilla en su interior podría ser en buena medida una edificación que hubiese permanecido con el paso del tiempo. Así pues, decidí aventurar un viaje a Tendilla con el objeto de abrir nuevas posibilidades a mi investigación, aunque, también era consciente de que podía haber resultado infructuoso.

Tendilla es una pequeña localidad castellana, antaño próspera y con carácter nobiliario, pero cuya progresiva decadencia había registrado ya a mediados del siglo XIX el viajero erudito Pascual Madoz en su magno *Diccionario geográfico-estadístico-histórico de España y sus posesiones de ultramar* (1849), en el que, por cierto, se recoge la existencia de la Capilla de la Sacra Familia, lo que puede dar una idea de la importancia en el municipio de esta fastuosa capilla doméstica que pertenecía a la familia de Isaac Muñoz (Madoz, 1849: t. XIV, 691-692)

También el propio escritor reflejará ese estado de decadencia en algunas descripciones intercaladas en su producción literaria, como sucede en la siguiente cita, procedente de su provocadora novela *Voluptuosidad* (1906), y donde alude a las ruinas del castillo de Tendilla, que perteneció en tiempos a la familia Hurtado de Mendoza (tan vinculada, por otro lado, con Granada y con su Alhambra, y tan ligada así mismo al mundo de las letras):

El pueblo es una villa de traza feudal.
Pardo, derrengado, lleno de cicatrices como un viejo soldado flamenco. Sobre el conjunto tétrico de las casas, se eleva el espectro de un castillo; perteneció a un bárbaro noble de aquellos despreciables tiempos de Pérez del Pulgar, del Cardenal Mendoza, de la reina Católica, del Gran Capitán.

Probablemente también cuando, según las palabras transcritas por Rafael Cansinos Assens, Isaac Muñoz alude a Castilla como una tierra de inquisidores tuviera muy presente una realidad vivida desde niño, puesto que la casa familiar conservaba en lugar destacado el retrato de un antepasado, llamado Juan Manuel Solano y Sancha, que fue inquisidor de alto rango destinado en el virreinato de Nueva España en 1750.

Pero continuando con la narración de mis devenires investigadores y detectivescos, una vez conocido el dato de la capilla doméstica en que se había celebrado el segundo matrimonio del padre del escritor, una tarde de julio de 1992 me encaminé –bastante a la aventura– hacia Tendilla en el único autobús que salía de Madrid con ese destino y que –dicho sea de paso– no ofrecía servicio de vuelta hasta el día siguiente. El autobús paró en la calle principal de la localidad, flanqueada a uno y otro lado por venerables soportales de piedra, y que –según averiguaría luego– recibe desde hace décadas el nombre de calle del General Muñoz en honor del progenitor de nuestro Isaac, auténtica personalidad local. Preguntando a unos ancianos que distraían la monotonía de las largas horas del estío jugando al dominó en uno de los pocos bares que animaban la calle, me di cuenta de que la familia Muñoz era perfectamente conocida en el lugar, y que, aunque habían transcurrido en ese momento cerca de setenta años desde su muerte, todavía se recordaba la figura del escritor, en buena medida, a causa de lo que se consideraban sus excentricidades. Además, me indicaron que la vivienda que buscaba todavía existía, en la misma calle, muy cerca de allí, y que en ella habitaba una sobrina nieta de Isaac Muñoz. Retrocedí sobre mis pasos siguiendo sus indicaciones, y no podría acertar a decir lo que sentí cuando al fin me encontré delante de lo que había sido la casa familiar del autor. Mi primera reacción fue de enorme asombro, pues lo que se hallaba ante mi vista era un auténtico palacio nobiliario, con su nombrada capilla anexa (Figura 11). De hecho, se trataba de una edificación señorial construida en piedra a comienzos del siglo XVIII por Juan de la Plaza Solano, Secretario Real de Hacienda del Rey Felipe V, ilustre antepasado del escritor y fundador del Mayorazgo de la Sacra Familia.

Figura 11: Casa palacio de la familia Muñoz de Solano en Tendilla (Guadalajara).

La portada principal estaba rematada por el habitual escudo de armas propio de este tipo de edificaciones. Con la lógica incertidumbre golpeé la aldaba de hierro que pendía de una de las hojas de su portón de entrada. Así fue como conocí a María José Cano Muñoz, quien, tras su previsible sorpresa inicial, me invitó amabilísimamente a pasar y me enseñó los innumerables aposentos de la mansión –en ese momento venida a menos–, donde tantas horas habría pasado Isaac Muñoz. Un Isaac Muñoz que para la familia había sido poco menos que una 'oveja negra' debido a su modo de vida poco convencional, así como a su literatura transgresora, caracterizada por un atrevido erotismo, si bien siempre enmarcado por un refinado esteticismo. María José recordaba las admoniciones escuchadas desde su infancia por parte de sus mayores prohibiéndoles leer las obras de quien ellos conocían con el hipocorístico de "tío Pepe", eludiendo, lógicamente, su sobrenombre literario. Pero lo cierto es que en la casa toda, a pesar del rechazo familiar, a pesar del tiempo transcurrido y del expolio que sufrió durante la Guerra Civil, se notaba aún de alguna manera el sugestivo aliento de Muñoz. En la planta baja, una habitación con zócalo de azulejos de estilo andalusí, realmente sorprendente en esa sobria tierra castellana, recordaba aún que ese era su sancta sanctorum, la estancia que el autor utilizaba para refugiarse y fumar kif o cigarrillos egipcios durante sus estancias en Tendilla, encontrándose entonces, al parecer, adornado con numerosas alfombras y cojines al uso oriental. Así recordaría precisamente *Dorio de Gadex* al escritor, si bien que en otra localización diferente:

> Envuelto en el blanco sulham, tendido sobre cojines de Fez, fuma lenta y supremamente el kiff, y en su rostro pálido, de suprema aristocracia, hay una inmovilidad de ensueño infinito, un enigma de silencio y de éxtasis, como una visión de eternidad (*Dorio de Gadex*, s. f.: 99).

En otra estancia del piso superior, un precioso brasero calado con filigranas geométricas permanecía allí desde que el apasionado escritor lo trajera de uno de sus habituales viajes por el Magreb. Poco más allá, y de idéntica procedencia, se advertía un hermoso tapiz tejido en sedas, con diseño de inspiración arábiga. Pero además, a la vista seguían estando las numerosas referencias leídas por mí en sus obras literarias, que ahora cobraban su verdadero sentido. Así se podrían explicar las alusiones a casas solariegas castellanas que aparecen en *Vida*, en *Voluptuosidad* o en *Alma infanzona*, a casas con capilla, a salas con armaduras de caballeros y a enormes salones adornados con cuadros antiguos. También, aquellas expresiones en las que el autor parece sentirse partícipe de un antiguo y venerable tronco común, del cual él constituye la savia nueva, como por ejemplo encontramos en la novela de aprendizaje que es *Vida*:

> Daniel no soñó aquella noche; se hundieron sus espectros familiares y en aquella alcoba inmensa de viejos muebles, de perfume antiguo, de alma marchita, donde amaron sus abuelos, se sintió fuerte, se sintió joven, y una onda de luz y de calor le llenó el alma.

Pero aún me quedaba por encontrar la presencia más intensa, la más crucial desde el punto de vista de la literatura que Isaac Muñoz había dejado en la casona de Tendilla: sus propios libros, que hallé como vestigios yacentes sobre un arcón, pero primorosamente encuadernados por orden de su hermano menor, un hermano que lo admiraba y lo quería entrañablemente, a pesar de lo diferente de sus personalidades y de sus destinos profesionales (ya que el hermano siguió la tradición militar propia de la familia). Su deseo de honrar la memoria del escritor, fallecido prematuramente, y de conservar intacto su legado llevó a Pablo Muñoz a encargar a un reputado especialista la ilustración y encuadernación de las cubiertas de todos los volúmenes salidos de su pluma que la familia pudo recopilar. Así eligió a José Panadero, quien, nacido en Albacete en 1910, se especializó en iluminación de pergaminos, y, de manera muy especial, en el arte de la encuadernación preciosista, hasta el punto de que sus trabajos figuran en instituciones como la Biblioteca Nacional, y en bibliotecas ilustres como la del Ducado de Alba o la del erudito Vicente Castañeda (miembro, por cierto, del mismo Cuerpo de Archiveros, Bibliotecarios y Arqueólogos al que perteneció Isaac Muñoz desde 1915, y que lo llevó a recorrer diversos lugares de España como destino profesional).

"Preciosas reliquias del pasado". *La Serpiente de Egipto* y la trascendencia del amor y la muerte en la novelística de Isaac Muñoz

En esta espléndida colección bibliográfica conservada en Tendilla, que, sin embargo, a todas luces, había permanecido durmiendo un sueño inerte en polvoriento anaquel olvidado desde décadas atrás, pude encontrar los dos únicos libros de Isaac Muñoz que no había podido conseguir hasta la fecha: el muy juvenil *Colores grises* (1898) y la novela en clave con la que se inicia su madurez como escritor, *Voluptuosidad* (1906). Pero aquí sería cuando mis indagaciones hasta ese momento adquirirían un nuevo y magnífico sesgo, pues, conociendo ya los títulos de las obras de Muñoz publicadas en vida, tras terminar de repasarlos en el estante, contemplé sorprendida a su lado un espléndido estuche que contenía una obra de mayor tamaño que el resto, y encuadernada igualmente por el maestro Panadero. Al extraer de su refinada funda el volumen que contenía comprendí, al instante lo que sintió Howard Carter el 26 de noviembre de 1922 cuando descubrió el deslumbrante tesoro de la tumba de Tutankamón. Carter, trémulo de la emoción, describió a su mecenas,

Lord Carnarvon: "Veo cosas maravillosas". Y eso mismo experimenté yo al revelárseme, cual tumba intacta de los antiguos faraones, una novela manuscrita, cuyo título, *La Serpiente de Egipto* (ya anticipado páginas atrás), me resultaba desconocido. Se trataba, como luego de un análisis grafológico pude confirmar, de un texto que había permanecido inédito desde que su autor lo concluyese. Es decir, tenía entre mis manos una novela que había redactado de su puño y letra Isaac Muñoz, y que había dejado preparada para imprenta, como evidenciaba lo limpio de la caligrafía y las palabras y fragmentos con sus correspondientes indicaciones para ir cursiva, sin que, por razones que se nos ocultan, llegara nunca a ver editada en vida.

Como puede observarse en la ilustración (Figura 12), el artífice de la encuadernación del volumen y su delicado estuche a juego se inspiró para su creación artística en motivos típicos del Antiguo Egipto, como las pirámides, la flor de loto, el escriba, el *uraeus* o cobra real del tocado faraónico, la cruz egipcia de la vida, o *ankh*, etc., ya que la novela inédita hasta entonces de Isaac Muñoz responde plenamente a una egiptofilia tan en boga durante todo el siglo XIX y primeros años del XX que su influencia llegó incluso hasta facetas tan sorprendentes como la arquitectura funeraria (que puede apreciarse, por ejemplo, en algunos de los más importantes panteones de inspiración egipcia del cementerio barcelonés de Montjuïc), o a la llamativa moda en la alta sociedad victoriana de organizar eventos que consistían en el desenvolvimiento de una momia, ante el regocijo y la curiosidad de los asistentes. Dicha egiptofilia en su vertiente artística y literaria constituye una especialización del exotismo consolador en que se refugiarán multitud de exquisitos poetas de la palabra o el pincel a partir del Romanticismo. Y es que, como ya afirmara el sibarita escritor francés Théophile Gautier:

Hay dos tipos de exotismo, el primero da el gusto por el desplazamiento en el espacio, la atracción por América, por las mujeres amarillas o verdes. Pero hay un placer más

Figura 12: Cubierta original de José Panadero para el manuscrito de *La Serpiente de Egipto*.

refinado, una corrupción más suprema, es el exotismo a través del tiempo.

Y ese exotismo a través del tiempo es el que propiciará el descubrimiento de una civilización como la del Antiguo Egipto, que contenía todos los ingredientes para fascinar a los autores del XIX, y que iba a llegar, con su capacidad de seducción intacta, hasta los hiperestésicos modernistas. Así lo explicará líricamente el propio Isaac Muñoz, totalmente imbuido del hechizo de la antigua civilización egipcia, en un artículo publicado en 1915 en el *Heraldo de Madrid*:

"Quien ha bebido las aguas del Nilo, vuelve". Tal dice un viejo proverbio egipcio cuya verdad tiene toda la profunda sabiduría del Oriente madre. No todos los que han bebido las dulces aguas verdes tornan; pero raro es el que no siente en la distancia el recuerdo de su encanto.

El Egipto atrae, no tanto por el deslumbramiento heroico de su historia como por el divino hechizo de su luz, por la eternidad de su paisaje, por su misterio, por su indefinible y suprema gracia oriental.

Prescindiendo del interés pura y descarnadamente arqueológico, es difícil determinar de un modo específico en donde reside el milagroso poder de la atracción de esta tierra maravillosa. ¿En su belleza original e imprevista? ¿En sus preciosas reliquias del pasado?

Seducido, en efecto, desde siempre por ese divino hechizo de la luz egipcia, por sus enigmáticas reliquias, por sus rituales funerarios y por la vitalidad que transmiten sus imponentes obras artísticas, en especial, pinturas y frescos, Isaac Muñoz dedica al Egipto de los faraones la que será su última novela. Un Isaac Muñoz que, según los testimonios recogidos por Rafael Cansinos Assens, fumaba en el Madrid de comienzos del siglo XX unos sofisticados cigarrillos egipcios que le aportaban un aire a la vez exótico y cosmopolita, y de los que intentaba aprovecharse siempre que podía el simpar bohemio Francisco Villaespesa.

Su novela manuscrita exhibe una ambientación documentadísima, pues el vocabulario egipcio empleado alcanza niveles de auténtico especialista, tanto en topónimos, como en nombres propios, de costumbres y rituales, y, por supuesto, de la rica mitología de tan antigua civilización:

Antes de salir de su morada, Thotmet acarició sus amuletos, y con el espíritu tenso, puramente elevado, invocó las tres veces de ritual al dios Ammon, de la gloriosa Tebas.

Una inquietud imprecisa y ondulante torturaba su espíritu y le angustiaba confusamente, pero al mismo tiempo pensaba con aliento consolador que Nephtys, Isis y Maskhuit, las tres buenas diosas habían asistido a su nacimiento, y ellas velarían porque sus días fuesen de luz y de amor (Muñoz, 1997: 131).

En la novela póstuma del granadino van a tomar cuerpo nuevamente las particulares obsesiones del escritor: la búsqueda de la belleza, la torturante relación Eros/Thánatos, la estética del dolor y la exaltación de la sangre, la trascendencia a través de la pasión erótica, temáticas todas ellas que lo vinculaban nítidamente con un simbolismo decadente de matiz orientalista, que parece alcanzar su culmen en España con la producción literaria de Muñoz.

Por tanto, *La Serpiente de Egipto* constituye una nueva muestra de la particular concepción del erotismo que caracterizaría al inconfundible Isaac durante toda su trayectoria. Una concepción donde el placer amoroso parece estar siempre íntimamente asociado con la sangre y con la muerte, de manera en verdad muy llamativa. El erotismo que tantas veces rechazaría la sociedad bienpensante de su época se configura en todo momento en escenas cinceladas por el más primoroso de los orfebres, un artista preocupado hasta el límite por el esteticismo y la belleza. Y es que, lejos de los sórdidos ambientes de prostitución y miseria descritos por la novela naturalista, lejos del tono obsceno y con pretensiones de suscitar la excitación del lector característico de la novela pornográfica (que circulaba con fluidez, aunque bajo cuerda, en la época), el erotismo de Isaac Muñoz resulta en todo momento refinado y sutil.

Así lo explicaría en el segundo volumen de su reveladora obra, ya mencionada, *La Nueva Literatura*, su contemporáneo y amigo, el muy polifacético Rafael Cansinos Assens, que constituye, como venimos viendo, una fuente indispensable para conocer en detalle minucioso a tantos y tantos artistas, escritores e intelectuales de finales del XIX y comienzos del XX, como es el caso de Isaac Muñoz:

> Este anhelo de incondicional belleza, es el anhelo de este joven, amante de lo raro y lo suntuoso, que en libros como *La fiesta de la sangre* canta el placer y la belleza de la crueldad, y en cuyos libros amatorios como *Lejana y perdida* se exalta el amor en sus formas más desgarradoras y torturantes, aquellas en que los cuerpos enlazados parecen cumplir ritos expiatorios y unirse, no para crear, sino para consumirse sin dejar ni una rosa del doble ramo carnal (Cansinos Assens, 1998: 288).

Alude, claro está, Cansinos Assens con sus palabras finales, en un juego de intertextualidad y palimpsesto, al señero poema titulado "En el país de las alegorías", que Rubén Darío incluiría en su libro *Cantos de vida y esperanza* (1905), dedicado a una de las figuras que sedujeron hipnóticamente a artistas y escritores de fin de siglo, como es la bíblica princesa Salomé. La composición rubendariana trasluce a la perfección la concepción igualmente trascendente del Eros que caracterizó al padre del modernismo:

Pues la rosa sexual
al entreabrirse
conmueve todo lo que existe,
con su efluvio carnal
y con su enigma espiritual.

Carne y espíritu, placer y dolor, la vida y la muerte, seme-
jan ser dos caras de una única moneda que se nos presenta
una y otra vez, con diferentes envoltorios bellos y exquisitos, cual camarín recamado de joyas y telas suntuosas, en
las obras de Isaac Muñoz. Sus páginas convocan ante los
hechizados ojos del lector ritos expiatorios, ceremonias
sacrificiales, arcanos cultos en los que parece pedirse el
favor divino mediante el derramamiento de la gloriosa sangre que representa la más pura esencia vital. Todo ello
parece encontrarse en las numerosísimas escenas amato-
rias que se reproducen en las novelas del escritor granadino. Por ejemplo, en *Morena y trágica*:

Ante aquella carne ansiosa y fría, que se daba a la tortura,
yo sentí puro, como en las primeras edades de la tierra, el
absoluto goce bárbaro de los inmoladores.
Percibí cómo en la sangre está la más alta gracia de la vida.
[…] Y en cada espasmo de amor, vibran las tres divinas
fuerzas de la vida, la alegría, la crueldad y la muerte
(Muñoz, 1908: 109-110).

Quizás resulte ilustrativo incluir aquí a este respecto una cita del inspirado estudio *La metáfora y el mito*, donde Ángel Álvarez de Miranda explica: "Para la mentalidad primitiva y arcaica todos los trances de la vida están dotados de sacralidad. Esos trances son en último análisis tres: vivir, engendrar y morir. Están íntimamente compenetrados entre sí y hallan su expresión en el sentido misterioso de la sangre (vida), el sentido misterioso de la muerte y el sentido misterioso de la fecundidad" (Álvarez de Miranda, 1963: 13).

Así, los encuentros eróticos de las novelas de Isaac Muñoz, ofrecen sin lugar a dudas una indisoluble relación entre los tres elementos básicos: el amor como pasión creadora y redentora; la sangre como cauce de vida, que se puede derramar, y como paradójica dispensadora de placer y de dolor, inextricablemente unidos; y la muerte, como pasión destructora, y merced a ello, igualmente redentora. Su visceral comprensión del amor como fuerza que destruye y que salva constituye uno de los grandes ejes que da sentido a las obras de Isaac Muñoz. Los amantes se desean con tal fuerza que su amor sólo puede consumarse en el dolor. La fascinación por la muerte, por otro lado, planea incesante sobre el tálamo. Parejas que se abrazan sobre las tumbas de un cementerio, o que se enlazan en una tormentosa cópula junto a un cadáver calcinado por el sol del desierto. Así, el estertor del placer se confunde con la agonía de la muerte.

De este modo, en *La Serpiente de Egipto* se dice explícitamente de su protagonista femenina, la mujer fatal que da título a la novela, y que recibe el nombre de Nikris, prototipo de la fémina seductora hasta el punto de anular la voluntad de sus amantes, que "Nikris sabía que el amor humano no llega a su límite divino sino en la horrible agonía, [...] cuando nuestras pupilas aterradas contemplan ya la eternidad, cuando nuestras manos han vuelto a ser garras y sienten el ansia de la destrucción" (Muñoz, 1997: 170). Así mismo, Thotmet, el protagonista masculino, besa enfebrecido a la magnética Nikris, "con ansia feroz de morder la carne suave, y de sentir en los labios la humedad cálida y perfumada de la sangre" (Muñoz, 1997: 159).

Y es que Isaac Muñoz concibe el beso como un acto dotado de un profundo sentido trascendente. "Todo el divino perfume de la lujuria y de la muerte, me lo dio su boca que sangraba como un corazón" (Muñoz, 1908: 119), había dejado escrito ya años antes en *Morena y trágica*.

La concepción que del amor demuestra Isaac Muñoz en sus creaciones evidencia una vez más esa ya aludida compleja relación entre Eros y Thanatos que resultó tan frecuente en la literatura y el arte del modernismo, una concepción del amor oscura y atormentada, que sólo parece encontrar su razón de ser en el completo extravío o en la muerte. El tema fue ya planteado por el especialista Ricardo Gullón en su estudio *Direcciones del modernismo*:

El erotismo, según supieron los poetas antes que los médicos y psicólogos, es en última instancia (es decir, cerebralmente) un ansia de trascendencia en el éxtasis, pero no solamente en el éxtasis del sentimiento, sino en el de los sentidos. Llevar la exaltación del gozo hasta el punto donde el yo se extingue; sentir el orgasmo como una muerte chica que prefigura la pérdida de conciencia en que el morir consiste [...].

El punto de coincidencia entre erotismo y misticismo es justamente la sombría necesidad de perderse en otra cosa [...].

Y el erotismo finisecular, sobre todo el de los entonces llamados decadentes, postula también un agotamiento que, de fantasía en fantasía, al negar la realidad, negará a quien la vive. La sensualidad deja de ser inocente para sentirse perversa y, en esa perversidad, metafísica. Ceder a ella es abrir las puertas [...], abandonarse a las fuerzas en que el Yo se diluye. Fusión con la energía destructora de la corrupción, opuesta a la del místico en sustancia, idéntica en tendencia y en finalidad: la aniquilación del ser en lo otro (Gullón, 1990: 85-86).

Y es que esa íntima unión entre sangre, amor y muerte que se encuentra en las novelas de Isaac Muñoz pareciera, en efecto, perseguir de algún modo, y trascender, la aniquilación individual:

Percibí cómo en la sangre está la más alta gracia de la vida.
[…] Y en cada espasmo de amor, vibran las tres divinas
fuerzas de la vida, la alegría, la crueldad y la muerte. […]
La sangre de Martirio tenía un aroma enloquecedor.
Los labios de sus heridas, palpitaban con los estremeci-
mientos de una boca sádica.
Tendí mis labios y bebí la muerte en el manantial de su
vena abierta.
Su sangre tenía el gustor acre y salobre de una ola, era
amarga y pulposa, como una flor china de talictro. […]
Y fue un beso lento en el que se confundieron nuestras
sangres, un beso de agonía, de extenuación, de fiebre y de
amor maldito (Muñoz, 1908: 110-111).

La posibilidad de redención que se encuentra en el amor
lo asemeja sin duda a la muerte. La aniquilación en el
amante puede considerarse un paso hacia la aniquilación
total que es el morir, con lo que esto parece implicar de
apertura a lo infinito. Así, cuando el protagonista del hermoso poema en prosa que es el *Libro de Agar la Moabita*
–esa suerte de personalísima glosa del *Cantar de los
Cantares* que, según se comentó, Muñoz inserta al final del
Libro de las Victorias–, afirma enardecido "Mi amor es
como la muerte" (Muñoz, 1908c, p. 38), está manifestando
una indisoluble unión entre lo bello y lo terrible, que fasci-
na y subyuga a un tiempo al escritor.

Por otro lado, como se puede comprobar, las escenas narradas por Isaac Muñoz, escasas en verbos –y en especial, en verbos de acción–, abundan en adjetivos sensoriales, que apelan a ese "éxtasis de los sentidos" al que se refería Gullón: "acre y salobre", "amarga y pulposa"; pero también demuestran una recreación atenta a los matices y voluntariamente evocadora de un ambiente decadente y lujosamente esteticista. Así, sus descripciones serán minuciosas y ricas en imágenes que propician la plasticidad, predominando las alusiones a motivos florales, a animales exóticos, a piedras preciosas, a ricos metales, o a telas regias y fastuosas.

Así se presenta, por ejemplo, una escena festiva en el harén del palacio del faraón, territorio de dominio de su maquiavélica favorita, en *La Serpiente de Egipto*:

Hermética y deslumbrante, Nikris pasó toda la tarde en el harén real, en donde invitó a las mujeres a una fiesta con motivo del cercano retorno del Faraon [sic].
Se celebró la fiesta en la más vasta sala de las estancias de la princesa.
Ardían millares de luces en altas y cinceladas lámparas de bronce, brillaban como esmaltes las suntuosas pinturas murales y las anchas columnas de capiteles lotiformes, relucía el suelo cubierto de polvo de oro, fulguraban las esmeraldas, las turquesas, los rubíes, que constelaban las morenas carnes femeninas.

Innumerables flores espléndidas, esparcidas por el suelo, por las mesas, por los divanes, confundían sus perfumes violentos con el olor denso y turbador de las jóvenes carnes de mujer, de las anchas y negras cabelleras crepitantes. En los extremos de la sala, dos gentiles surtidores de mármol, elevaban un agua aromada de frescas esencias, que dulcificaba la excesiva morbidez del aire.

De lejanías invisibles, llegaban músicas desmayadas y nostálgicas (Muñoz, 1997: 194).

Antes de continuar con nuestra argumentación, resultará útil para el lector explicar que, como se ha podido percibir en este fragmento, a lo largo de todo el texto de *La Serpiente de Egipto*, tal y como sucede en otras obras de la época que evocan de igual modo esta milenaria tierra en una ola de ferviente egiptofilia, la palabra "Faraon" aparece escrita siempre con mayúscula inicial y sin acento, probablemente porque se entendiera en la época como palabra exótica, no sujeta aún a las normas del español. En algunos casos, incluso se utiliza sin artículo, como si se tratara de un nombre propio, siguiendo la tradición del texto bíblico (cf. Génesis y Éxodo), al igual que sucede en una famosa zarzuela cómica que se popularizaría enormemente en esos años, titulada *La Corte de Faraón* (1910).

Así pues, todas las obras literarias de este creador sutil y esteticista ofrecen al lector –al igual que sucede con las de

Valle-Inclán, con las de D'Annunzio, con las de Jean Lorrain, y tantos otros coetáneos admirados por Muñoz– la impresión de una sexualidad turbia y ambigua que parece demostrar también en este terreno la primacía concedida al artificio sobre la naturalidad (recordemos el acreditado ejemplo de la ya citada biblia de la decadencia: *À rebours*, 1884, de Joris-Karl Huysmans, cuyo protagonista persigue en su invernadero el efecto de unas flores naturales que, paradójicamente, parezcan artificiales). En realidad, se podría decir que al modernista no le interesan el amor ni el sexo en condiciones normales. Su interés radica en las parafilias, en la sexualidad imaginativa, variada, distinta: "la literatura finisecular está llena, y hace gala, de perversiones, modos de salirse de la norma, de escapar a la cotidianeidad burguesa, a la vida reglamentada y vacía, estereotipada de los más. Ser perverso es ser refinado, exquisito, y a ello se apuntó mucha literatura del momento, pese a una moral oficial en todo divergente" (Villena, 1992, p. 143).

Ya en vida de Isaac Muñoz, el siempre atento al detalle preciso Rafael Cansinos Assens supo captar las constantes de su literatura, admirando su refinado esteticismo y el carácter exuberante de su ornamentada prosa:

Suntuosidad y erotismo son las virtudes predominantes de este escritor, que en cada uno de sus libros supera los más tendidos y fructuosos esfuerzos de los preciosistas y que está tan colmado de perlas y diamantes y los lanza con tal prodigalidad que recuerda el bello rasgo de Buckingham que nos cuenta Brantôme. Pocos escritores modernos tan ricos de imágenes, de metáforas, de toda clase de suntuosas figuras retóricas, como este joven que se empeña en hacernos creer que viene de Oriente [...]. Sus bengalas, sus gemas, sus fuegos no se agotan nunca y parecen salir de una urna mágica, consagrada a la abundancia perenne por un benigno hechizo (Cansinos Assens, 1998: 287).

Sirva el elocuente verso del poeta ilustrado Nicasio Álvarez de Cienfuegos que da título al presente capítulo para conducirnos en esta última etapa del camino, en que se narra el triste y prematuro final que el destino deparaba a Isaac Muñoz, y cómo quedó abruptamente segada la rama de su descendencia en un árbol genealógico que se remontaba a siglos atrás. Para reconstruir esa postrera etapa de su vida, tan enigmática y para la que faltaban tantas respuestas, hizo falta nuevamente invocar la inspiración detectivesca de la literatura. Y quizás sea preciso volver a recordar en este punto las palabras de Antonia S. Byatt en su arrebatadora novela *Posesión*: "Yo lo que quiero es… seguir… el camino. Siento que esto me tiene dominada. Quiero saber qué pasó, y quiero ser yo quien lo averigüe. […] Es curiosidad narrativa"

Volvamos, pues, a Tendilla. Puesto que el hallazgo de la casa solariega y de los libros de Isaac Muñoz, incluso de ese hermoso original póstumo, precioso testimonio de la egiptofilia de entresiglos, no iba a ser la única aportación que me deparase la pequeña localidad castellana. En mi siguiente visita, ya en septiembre de ese mismo año, invitada por María José Cano Muñoz para investigar libremente durante varios días, esta me llevaría a conocer el cementerio de la localidad, donde pude experimentar otro emocionante episodio al contemplar la lápida con el nombre de Isaac Muñoz en el panteón familiar, más aún cuando sabía que en el momento de su muerte, su padre, y probablemente también sus hermanas, no permitieron que fuera enterrado allí, considerado prácticamente un *maldito* por su propia sangre; y que sólo tiempo después, por mediación de su hermano Pablo y de su conciliadora madrastra, pudieron trasladarse sus restos a fin de que descansaran para siempre en el solar de sus mayores.

Contemplando su tumba, era inevitable que acudieran a la mente los recuerdos de fragmentos de sus obras que semejaban haberse escrito teniendo presente el lugar de enterramiento familiar en el camposanto de Tendilla. De este modo, por ejemplo, en *Alma infanzona* (1910), una de las novelas donde más claramente se adivina tras la mansión solariega del protagonista el trasunto de la realidad del escritor, encontramos el siguiente significativo fragmento (que conjuga, además, motivos que alientan esa relación Eros/Thánatos, tan central, como ya ha quedado explicitado, en su producción literaria):

Y entre mis brazos la conduje hasta el panteón de mis mayores.

Abrí la puerta que gimió mohosa y destemplada. Un soplo helado de humedad, de misterio, llegó hasta nosotros.

Con su cuerpo aéreo entre mis brazos, bajé la escalinata de la cripta.

Semejaba una mártir de cera extraída de su urna de cristal; una muerta a la que yo hubiera de enterrar con mis propias manos (Muñoz, 1910: 70-71).

En esta nueva visita a Tendilla tuve además la ocasión de recorrer las habitaciones más significativas de la casa en innumerables ocasiones, de perderme en sus vericuetos, de traspasar sus puertas ocultas tras tapices, de asomarme al balcón elevado desde el que la familia asistía de manera privada a las ceremonias religiosas oficiadas en la capilla, y de registrar minuciosamente una bien surtida biblioteca con miles de volúmenes, en su inmensa mayoría, pertenecientes al hermano de Isaac Muñoz, también amante de la cultura. Pero de igual modo tuve la oportunidad de conocer a la madre de mi anfitriona, María Luisa Muñoz de Solano, sobrina carnal de Isaac Muñoz, hija precisamente de ese hermano Pablo que tanto lo admirara, a quien se debían la exquisita encuadernación de sus obras y el piadoso traslado de los restos mortales del escritor hasta el panteón. Frente a la abierta hospitalidad que me brindó la primera en todo momento, fascinada como estaba al conocer paulatinamente aspectos de la trayectoria de su tío abuelo que ignoraba hasta la fecha, su madre parecía albergar ahora, a pesar de su cortesía, algún tipo de recelo, pues no acertaba a comprender qué razones podían llevar a alguien a estudiar la figura de Isaac Muñoz, que para la mayoría de la familia parecía seguir proscrita. Reiteró, eso sí, lo que ya me había dicho su hija, en el sentido de que la familia estaba distanciada del escritor, y añadió, como de pasada, una significativa alusión a su muerte, producida, según ella, "en aquellas circunstancias", sin precisar a qué se estaba refiriendo, y situando mi proceso de investigación ante un nuevo desafío.

Poco después, y gracias nuevamente a la mediación de la sobrina nieta del autor, pude concertar en Madrid una entrevista con su tío José Manuel Muñoz de Solano (hermano de su madre), un tanto retirado del resto de la familia y, quizás por ese motivo, más dispuesto a hablar acerca de las "facetas prohibidas" de Isaac. Me recibió con suma amabilidad, y por él supe que las "circunstancias" a que había aludido su hermana se referían a que, en el momento de su muerte, el escritor se hallaba viviendo desde hacía varios años con una mujer con la que, para escándalo de su familia, nunca había llegado a casarse pero con la que tendría un hijo. Parece ser que, aunque Isaac Muñoz manifestó su voluntad de contraer matrimonio, lo impidió la frontal oposición de su padre y hermanos, debido a que la extracción social de la joven no correspondía con la que deseaban para quien era hijo primogénito de una familia de ilustre abolengo. Según relato de José Manuel Muñoz de Solano, tras el prematuro fallecimiento de Muñoz, esta mujer –todavía anónima para mí en ese momento– acudió con el niño a ver a la familia del autor, que, tras ofrecerle una cantidad indeterminada de dinero, la despidió menospreciando la ilegitimidad de su relación, que consideraban extensiva al hijo habido entre ambos.

Así las cosas, cada nuevo paso que daba abría un estimulante y prometedor camino en mis investigaciones, y me hacía sentir, en verdad, poseída por esa potente "curiosidad narrativa" que me impulsaba a querer revelar cada detalle de la trayectoria biográfica de Isaac Muñoz, atrapada ya por completo en la reconstrucción de una vida fascinante: una vida de novela para el novelista que empezó su carrera con *Vida*. Ese Muñoz de quien *Dorio de Gadex* dijera que era "enigmático, extraño, absolutamente incognoscible" (*Dorio de Gadex*, s. f.: 101) iba, pues, revelándoseme paulatinamente.

Tras mi estancia investigadora en Tendilla tenía nuevos datos e indicios que confirmar, y cada vez más piezas iban encajando en su sitio. Así, una vez averiguada la fecha exacta de su fallecimiento, 7 de marzo de 1925, por la lápida de mármol blanco que contenía su nombre en el panteón familiar, me encaminé al Registro Civil de Madrid con el objeto de solicitar su Certificado de Defunción. Conseguido finalmente este documento, comencé también a comprender muchas cosas, nuevos datos en torno a esa "cara oscura" del escritor que tanto parecía afrentar a sus familiares que, incluso, muchas décadas después de su desaparición, seguían prefiriendo extender un velo de silencio sobre su memoria. Porque el hecho es que el documento oficial obtenido en el Registro Civil revelaba como causa de la muerte de Isaac Muñoz –si bien eufemísticamente– lo que entonces se consideraba enfermedad infamante de la sífilis, también conocida como el mal del siglo, debido a lo muy extendido que se encontraba. De hecho, dado el carácter venéreo de esta dolencia, unido al hecho de que por entonces se trataba con medicamentos elaborados a base del muy tóxico mercurio, en la época se acuñó un dicho macabramente humorístico, que juega con el doble sentido de las palabras y con el significado de las divinidades grecolatinas: "Por una hora con Venus, toda una vida con Mercurio".

Esta situación arrojaba, en efecto, luz sobre la referencia de su sobrina a la muerte del escritor en "aquellas circunstancias", implícitamente vergonzosas, porque así debió de ser vivido por parte de su familia. Pero también se hacía comprensible la ausencia de producción escrita y el progresivo alejamiento de Isaac Muñoz con respecto a los círculos literarios que se producirían en sus últimos años de vida, pues la sífilis era entonces una enfermedad cruel e incurable con una larga pero implacable evolución, que acababa ocasionando la muerte del paciente en unas penosas condiciones finales. De hecho, los efectos de esta incapacitante dolencia se apreciaban visiblemente en la evolución de su escritura manuscrita, que, de una grafía exquisitamente artística y con voluntarios rasgos arabizantes (como se puede apreciar en la tarjeta postal reproducida más adelante, Figura 19), pasó paulatinamente a mostrar una letra cada vez más vacilante y temblona.

Por otro lado, y casi simultáneamente a esta reconstrucción biográfica cada vez más apasionante, dedicaba mis esfuerzos a una exhaustiva búsqueda hemerográfica, tratando de encontrar el reflejo de la desaparición de un autor que había sido aplaudido y elogiado en multitud de ocasiones en la prensa escrita.

Tras horas de paciente revisión de publicaciones periódicas, pude dar con una sentida necrológica publicada tres días después del óbito, el 10 de marzo de 1925, en el periódico del que había sido prestigioso colaborador durante tantos años, el *Heraldo de Madrid*, en la cual se recogía el importante dato de que el escritor había fallecido internado en un sanatorio del entonces pueblo madrileño de Vallecas, antes de que se uniera a la capital, bajo el titular: "Ha muerto Isaac Muñoz". Allí se recordaba en términos elogiosos a quien se consideraba "amigo y compañero": "Profundo conocedor de Marruecos, conociendo a maravilla el árabe, Isaac Muñoz era uno de los españoles más capacitados en estos asuntos. [...] Sus trabajos africanos unen a un profundo conocimiento del arte y costumbres africanos una prosa llena de jugo y color poderosamente evocadora".

Tiempo después acabé encontrando el eco de la luctuosa noticia en otros medios de prensa, incluso de provincias, como *Correo de la Mañana*, de Badajoz, que se hizo eco en su edición del 12 de marzo, bajo el titular "Noticias varias. Fallecimiento de un periodista". Ese mismo día lo publicaría también *La Prensa*, de Santa Cruz de Tenerife, con el título "Madrid: Periodista fallecido". Tras haber colaborado durante toda su vida en tan gran cantidad de revistas, sin embargo, sólo se tiene constancia de que recogiera su fallecimiento la *Revista de Archivos, Bibliotecas y Museos*, en su "Sección oficial y de noticias", del número correspondiente a enero-marzo de 1925, lo que resulta, por otro lado, considerablemente lógico, ya que Isaac Muñoz, acuciado por conseguir unos ingresos fijos que le garantizaran la supervivencia (toda vez que se hallaba distanciado de su acomodada familia), había ingresado mediante oposición en el Cuerpo de Archiveros, Bibliotecarios y Arqueólogos en el verano de 1915, recorriendo en calidad de tal diversos destinos profesionales, como

Segovia, Orihuela, Cáceres, Cádiz… Y curiosamente, en diciembre de 1919 el destino lo iba a llevar a cruzarse con un viejo conocido suyo de los tiempos gloriosos de tertulias literarias en Madrid, cafés bohemios y lucha por el modernismo, que probablemente tanto añoraban ambos. Se trata de Manuel Machado, quien había ingresado en el Cuerpo por motivos muy similares a los de Isaac Muñoz, y que, destinado en la Biblioteca Nacional, es ascendido el 29 de diciembre de 1919 a Oficial de Primer Grado, con la categoría de Jefe de Negociado. Ese mismo día el Director General de Bellas Artes firma un escrito, disponiendo la ascensión de Isaac Muñoz a Oficial de Segundo Grado, "en la vacante producida por ascenso de D. Manuel Machado y Ruiz". Pero también resulta digno de mención el hecho de que, durante su periodo de estancia profesional en Segovia, se tiene constancia de que mantuvo relación con el activo e innovador pedagogo Blas J. Zambrano, profesor en la Escuela Normal de la ciudad castellana, padre de la ilustre filósofa María Zambrano y amigo precisamente de Antonio Machado en sus años segovianos. En agosto de 1917, como dará cuenta prensa local como *El Adelantado de Segovia*, se le tributa un banquete de homenaje en El Suizo, al que acudirán Isaac Muñoz, numerosas figuras de la cultura local, además de escritores venidos desde Madrid, como Pedro de Répide o Antonio de Hoyos y Vinent.

Pero retornando al momento de encuentro de la iluminadora necrológica del *Heraldo de Madrid*, con su indicación del sanatorio de Vallecas donde Isaac Muñoz habría estado ingresado, el siguiente paso de la investigación fue, como es fácil deducir, la consulta de su Archivo Histórico. Por el documento anexo al Padrón de 1924 donde se da cuenta de las bajas producidas por defunción, pude saber que Muñoz llevaba tres años residiendo en dicha localidad. Ampliando después la consulta de los Padrones, pude localizar también una casa en la calle Manuel Vélez, número 9, donde habría residido el autor, acompañado efectivamente de una mujer y de un hijo que abandonaban finalmente y ante mí su anonimato. Sus nombres, que leí por primera vez con genuino temblor de emoción: Carmen Peracho Ortega y José Luis Muñoz Peracho.

El reto que se me planteaba consistía en no dejar detenida la investigación en ese punto, sino tratar de averiguar algo más acerca de quien había sido la compañera de Isaac Muñoz y lo había acompañado hasta sus últimos días, al objeto de confirmar datos todavía en cuestión, o de recoger posibles nuevas aportaciones documentales que podrían resultar enormemente valiosas. Recordemos que esta investigación se remonta a comienzos de la década de los '90 del pasado siglo, cuando no existían las miles de posibilidades para una búsqueda que internet ofrece ahora a los curiosos e investigadores. Por eso, la pesquisa, realmente

detectivesca, hubo de ser hecha más bien a base de intui-
ción, ingenio y paciencia, a los que no está de más añadir
una dosis de suerte y mucha ayuda del destino.

Puesto que "Peracho" es un apellido ciertamente poco
común, si había suerte, y los posibles familiares de la compañera de Isaac Muñoz continuaban domiciliados en
Madrid, quizás podría localizarlos mediante un recurso tan
prosaico como útil en décadas pasadas y del que los lectores jóvenes probablemente no conservarán hoy en día ni el
recuerdo. Me refiero a un elemento que, casualmente, aparece con frecuencia en las novelas de Agatha Christie: ¡la
guía de teléfonos! Redacté, pues, una carta explicando mi
situación, así como el objeto de mi búsqueda, y la envié a
todos los "Peracho" que aparecían en dicho listín telefónico.
Varios de ellos me contestaron, pero ninguno parecía saber
nada de Carmen Peracho Ortega. Incluso alguno, amable-
mente, me explicaba el origen del apellido, o me decía de
dónde era oriunda su familia. Hasta que un día, a comienzos de 1994, se produjo el hallazgo. Recibí la gentil llamada
telefónica de un señor llamado Vicente Peracho García,
quien declaraba ser sobrino carnal de Carmen, a la que
había conocido y tratado mucho, sobre todo de niño, según
me contó. Para mayor fortuna, Vicente Peracho era un
reputado pintor de miniaturas a la acuarela y tenía previsto
inaugurar una exposición en Granada, ciudad natal de Isaac
Muñoz, y donde yo residía por esos entonces, pocas sema-

nas después de nuestra conversación. Así que concertamos una cita, en la que, a través de las fotografías que puso en mis manos, pude conocer ¡por fin! físicamente los rasgos de la compañera sentimental de Isaac, así como del hijo de ambos, fallecido por desgracia en su temprana juventud a causa de una peritonitis. Retratos familiares que mostraban al niño disfrazado de Pierrot o vestido de marinero, solo o acompañado por su madre. Testimonios conmovedores de lo que debió de ser la vida cálida y cotidiana de Isaac Muñoz en la última etapa de su vida, al menos desde 1917, fecha del nacimiento de ese único hijo. Vicente Peracho explicó también que su tía Carmen era una mujer alta y delgada, con un aspecto distinguido y unos hermosos ojos grises con matices azulados, y así se seguía mostrando en una fotografía que la retrataba, ya anciana, erguida y arreglada pero vestida impecablemente de negro, guardando un luto que venía durando ya décadas. Dotada de fuerte carácter y cultivada, su sobrino la recuerda sumida en la desolación desde la pérdida de sus dos seres queridos, hijo y amado compañero, cuya huella marcaba cada rincón de su casa, situada en esos años en el madrileño barrio de Tetuán de las Victorias, donde parecía haber consagrado su existencia a la evocación melancólica. Por desgracia, había fallecido hacía poco tiempo, en una fecha que Vicente Peracho no pudo precisar, pero en torno a 1992, y con su pérdida había desaparecido cualquier posible último legado del escritor.

Este fue, contado muy a grandes rasgos, el primer caso de investigación que realicé en profundidad sobre un autor finisecular, que vino, sin duda, acompañado de innumerables anécdotas y peripecias, desgarradoras algunas, hilarantes incluso otras, pero todas ellas iluminadoras y que enriquecieron un proceso apasionante, largo, complejo, pero claro está que no resultaron extrañas las fases de desaliento y de sensación de caminar a ciegas que invadía cuando el camino parecía desvanecerse. Tampoco se puede desdeñar el abrumador peso de lo que se puede llegar a sentir como inabarcable presencia bibliográfica y la indudable dificultad que se siente a la hora de ordenar el profuso material y darle una forma discursiva que satisfaga aquella curiosidad a la que hacía referencia el personaje de la novela *Posesión*. Todo ello entreverado con instantes esplendentes en que predomina la inefable sensación de hallazgo y un gratificante sentimiento de empatía con el objeto de estudio. Pero, al fin y al cabo, como decía el catedrático Nicolás Marín:

Toda obra intelectual, […] es el resultado de mucho esfuerzo y de mucho sacrificio [...]. El texto claro es el final de un doloroso proceso creador, incluso en la crítica literaria, tan semejante en sus dudas, ratificaciones y anhelos a la obra artística (Marín, 1988: 7).

Después de ese intenso acercamiento inicial, y aunque haya ampliado mi campo de acción a otros muchos escritores contemporáneos de Isaac Muñoz, he seguido siempre vinculada durante estas décadas, de alguna manera, a la figura y a la obra de tan destacable orientalista granadino, continuando con incesantes descubrimientos que han ido jalonando estos años, añadiéndose sin cesar nuevos datos, que se han acrecentado de forma reciente con la inminencia de la conmemoración del primer centenario de su muerte en 2025. La digitalización de bibliotecas y hemerotecas ha permitido, como era dado suponer, el afloramiento de muchísimos textos del autor, o sobre el autor, que habían permanecido perdidos hasta la fecha.

También la memoria gráfica en torno a Isaac Muñoz se ha ampliado con algunas nuevas fotografías de primer plano, como por ejemplo, las tres que la entonces famosísima y muy popular revista ilustrada *Nuevo Mundo* publica los años consecutivos 1912, 1913 y 1914, incluyendo todas ellas elogiosísimos pies de foto resaltando el prestigio de que gozaba en esos años el escritor.

Así por ejemplo, cuando en 1912 dé a conocer su libro de estudios *La agonía del Mogreb*, la revista se hará eco, denominado "notable arabista" a quien se observa en la fotografía con pose y maneras de dandi, mirando fijamente hacia el lector (Figura 13):

Figura 13: Retrato en la revista *Nuevo Mundo*,
29 de febrero de 1912.

A este volumen seguirá un año más tarde el conjunto de ensayos, previamente aparecidos en la prensa, *En el país de los Cherifes*, ante lo que *Nuevo Mundo* inserta otra fotografía del escritor granadino, con el siguiente e ilustrativo pie de foto: "Isaac Muñoz, notable escritor y entusiasta africanista que acaba de publicar el interesante libro *El país de los cherifes* [sic]" (Figura 14):

Figura 14: Retrato en la revista *Nuevo Mundo*,
23 de enero de 1913.

Un año después, en 1914, Isaac Muñoz revela una nueva faceta de su capacidad intelectual y creativa, publicando un libro que no es una novela, ni en puridad una obra de estudios, ni tampoco es un poemario, aunque tiene de alguna manera algo que ver con todos estos géneros. Se trata de la edición anotada y profusamente comentada (su estudio introductorio alcanza nada más y nada menos que las ochenta y cuatro páginas) del bellísimo poemario *El jardín de los deseos. Poesías berberiscas de Sid Mojand,* que traduce él mismo del dialecto bereber en que habrían sido escritas por su autor. Dicho volumen forma parte de una colección iniciada por la afamada editorial Renacimiento, bajo el título de "Biblioteca Mogrebí", y en cuya creación tuvo no poco que ver Isaac Muñoz. De hecho, tras la preciosa cubierta, con letras de inspiración arábiga y geométricas estrellas que completan una greca ornamental (Figura 15), sigue un texto de dedicatoria, no ya de su propio volumen, sino del proyecto global de una colección con la que Isaac Muñoz pretende "aumentar el contacto espiritual entre nuestra patria y el viejo Mogreb misterioso".

La dedicatoria va dirigida "al eminente político y excelso orador D. Antonio López Muñoz". Ministro de Instrucción Pública y posteriormente de Estado bajo el gobierno de Romanones, López Muñoz tuvo parte importante en el acuerdo que se firmó con motivo de la visita a España del presidente de la República Francesa, Raymond Poincaré,

Figura 15: Cubierta de la edición de
El jardín de los deseos, de Sid Mojand.

mediante el cual se establecía la acción franco-española en Marruecos. Sin embargo, conviene destacar que en el momento de producirse la dedicatoria el gobierno recae desde octubre de 1913 en el conservador Eduardo Dato, y López Muñoz ya no ostenta cargo público alguno, excepto el de senador vitalicio. Al hacerse eco desde *Nuevo Mundo* de esta reciente publicación se acompaña una nueva fotografía del escritor (Figura 16), a quien se califica de "admirable novelista 'de casta mora y blasón latino', cuyas crónicas acerca de la vida y del porvenir del Mogreb merecen los más justos y grandes elogios".

En cuanto a su memoria gráfica cabe destacar una curiosa fotografía que muestra a Isaac Muñoz ataviado a la usanza árabe, que fue reproducida en el periódico *Heraldo de Madrid*, con ocasión de un amplio reportaje sobre Argelia y Túnez en varias entregas que firmó el escritor, de viaje en dichos países durante la primavera de 1914. En concreto, la fotografía se incluyó en el artículo titulado "El Heraldo en Argelia. La raigambre española", publicado el 30 de mayo de 1914, con el siguiente pie de foto: "Isaac Muñoz con el traje de morabito con que ha hecho su última excursión por Argelia en representación del HERALDO". La reproducción de la fotografía que se obtenía del periódico carecía, evidentemente, de calidad, mostrándose incluso semi borrosa. Sin embargo, cabe destacar que en torno a dicha fotografía se conserva un emocionante testimonio,

Don Isaac Muñoz, admirable novelista de casta mora y de blasón íntimo», cuyas crónicas acerca de la vida y del porvenir del Mogreb, merecen las más justos y grandes elogios, y que ha comenzado á publicar una «Biblioteca Mogrebí», cuyo primer interesantísimo volumen, titulado «El jardín de los deseos», ha sido puesto á la venta por la casa editorial «Renacimiento»

Figura 16: Retrato de Isaac Muñoz en *Nuevo Mundo*,
12 de diciembre de 1914.

como es una tarjeta postal impresa en Argelia (Figura 17), que fue hallada por Vicente Peracho tiempo después de nuestro primer encuentro, entre los papeles privados de su padre (hermano, recordemos, de Carmen Peracho). Dicha postal original constituye para mí un precioso pequeño tesoro, ya que tuvo la gentileza de hacerme donación de la misma. Bajo la fotografía de Isaac Muñoz, la pluma del hermano de Carmen Peracho anotó con tinta azul la fecha de su muerte a modo de recordatorio. En el reverso, la misma mano escribió con tinta roja el nombre, "Isac [*sic]* Muñoz Llorente", así como el parentesco que, aun no mediando papeles legales, los unía: "Cuñado".

A lo largo de estos años he podido concretar también algunos detalles de la relación que mantuvo Isaac Muñoz con diversas personalidades de la época, destacando la del importante librero y editor Gregorio Pueyo, inmortalizado también por Valle Inclán como el inolvidable Zaratustra de su obra *Luces de bohemia*. Gregorio Pueyo fue un editor de primera fila en esas décadas, muy vinculado con los escritores que dieron inicio al modernismo de entresiglos, y en su establecimiento publicaría Isaac Muñoz sus obras *Libro de las Victorias. Diálogos sobre las cosas y sobre el más allá de las cosas*, *La fiesta de la sangre*, su único poemario, *La sombra de una infanta*, así como sus novelas *Alma infanzona* y *Esmeralda de Oriente*. Pero además, en la activa librería que también poseía Pueyo (como se refleja, por cierto, también en *Luces de bohemia*), se vendieron otras de sus novelas, como *Vida* (1904) o *Voluptuosidad* (1906), esta última catalogada dentro de la publicidad de la época utilizada por el librero en la categoría de "Las novelas del amor". En el precioso *Catálogo de Obras modernas en prosa*

Figura 17 Fotografía de Isaac Muñoz.
Tarjeta postal impresa en Argelia.

y verso de autores españoles e hispano americanos de la Librería de Gregorio Pueyo, publicado en 1908, y recientemente recuperado en edición facsímil, que incluye personales semblanzas de cada escritor, se describe de este singular modo a Isaac Muñoz en la entrada correspondiente:

> Isaac Muñoz es un genial espíritu de la nueva generación. Las críticas italiana y francesa le han consagrado. Recientemente, el ilustre hispanófilo Luigi Zuccaro, en su admirable obra *Iberia Literaria*, le coloca al nivel de los más gloriosos maestros. Su prosa es única y su pensamiento lleno de universalidad, recoge todos los latidos del alma humana.

En este sentido quizás conviene recordar que el escritor granadino despertó el interés de la novelista y crítica literaria italiana Marquesa Maria de Plattis Majocchi, también conocida como Marquesa Plattis, que firmaba sus obras de creación con el seudónimo de *Jolanda*, quien mantuvo correspondencia con conocidos escritores de su época, y que, en buena medida integrada en el ámbito hispánico, escribió, por ejemplo, elogiosamente acerca de la obra de Felipe Trigo (denostada por sus detractores por su marcado erotismo, como se puede recordar). Será el propio Isaac Muñoz quien informe en la prensa de que la autora italiana ha publicado una traducción de su novela inicial, Vida.

Además, y en prueba de agradecimiento, Muñoz da a conocer el 21 de agosto de 1904 en el periódico *La Crónica Meridional* (Almería) el admirativo artículo titulado "Letras italianas. La Marquesa de Plattis", que se publicará en portada.

Pero volviendo a la relación establecida entre Isaac Muñoz y quien fuera su editor en varios casos, ha quedado constancia de que el granadino mantuvo una relación epistolar con Gregorio Pueyo, de la que, gracias al contacto iniciado con Miguel Ángel Buil Pueyo, bisnieto de *Zaratustra*, se ha podido recuperar una exótica tarjeta postal marroquí, remitida por Isaac desde el Hotel Villa de France, en Tánger, el día 9 de abril de 1911 (Figura 18).

En ella el autor muestra su interés por adquirir varias obras de Rubén Darío y Francisco Villaespesa, que solicita le envíe Pueyo, además de conminarlo a que manifieste si "quiere o no" publicar una de sus novelas, cuyo título no menciona, para, en caso contrario, poder "hacer otras gestiones". La reproducción del texto manuscrito permite apreciar que el indudable esteticismo de que hizo gala Isaac Muñoz a lo largo de toda su vida y su obra se evidencia en su bellísima y muy personal caligrafía (Figura 19).

Dada la fecha en que fue enviada la postal, probablemente se trate de *Ambigua y cruel*, que no sería al final publicada por Gregorio Pueyo, sino por la Imprenta Helénica unos meses más tarde, indicio quizás de que se hubiera produci-

Figura 18: Anverso de la postal remitida desde Tánger
a Gregorio Pueyo por Isaac Muñoz

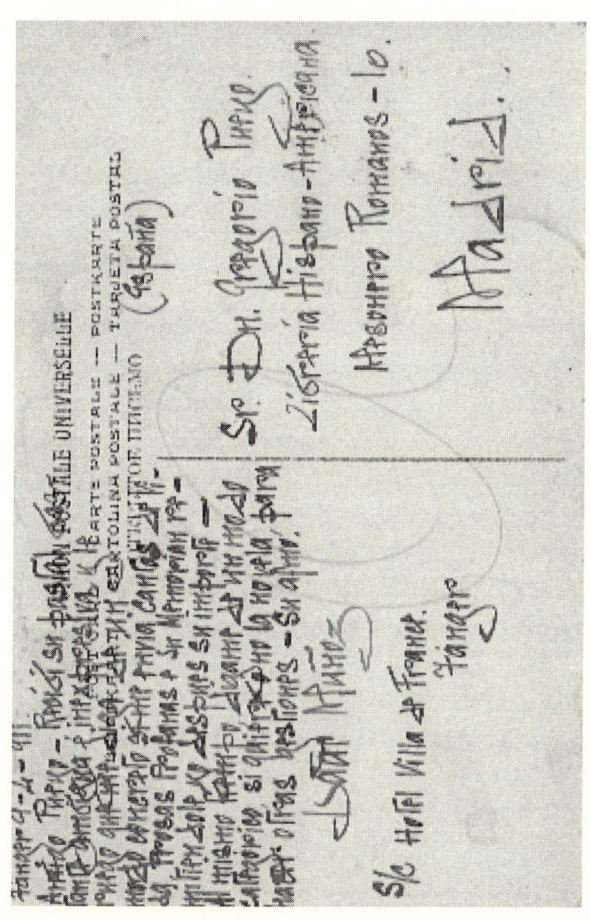

Figura 19: Reverso de la postal remitida desde Tánger a Gregorio
Pueyo por Isaac Muñoz, mostrando su exquisita caligrafía

do un cierto distanciamiento. Sin embargo, habiendo fallecido Pueyo en febrero de 1913, el autor granadino volvería
a publicar con el sello editorial, aunque en este caso ya bajo
el nombre de "Librería de la Viuda de Gregorio Pueyo",
donde vería la luz en 1914 su última novela publicada en
vida: *Esmeralda de Oriente*.

La investigación sobre el escritor ha seguido su curso
hasta la fecha, y no cesa de proyectarse hacia el futuro. Un
devenir que ha ido entremezclándose, con el paso del tiempo, con otros nombres, libros y autores, volviéndose aún
más intenso y contribuyendo a dibujar un panorama bastante más complejo y pormenorizado de lo que fue el
momento de entresiglos, tan propicio a los escritores bohemios, raros y olvidados. Por el camino se hace cierta,
además, una cita de Oscar Wilde que parece escrita a la
medida de Isaac Muñoz, cuando señala en *El retrato de
Dorian Gray* que:

Un gran poeta, un poeta realmente grande, es la más pro-
saica de todas las criaturas. Pero los poetas menores son
absolutamente fascinantes.

BIBLIOGRAFÍA

OBRAS DE ISAAC MUÑOZ

Creación literaria:
Colores grises, Almería, Tip. de Antonio Saldaña, 1898.
Miniaturas, Almería, Tip. de El Sur de España, 1898.
Vida, Granada, Imp. Ventura Traveset, s.f. [1904] (Existe una edición actual con los siguientes datos: *Vida*, ed., introducción y notas de Amelina Correa Ramón, Palabras liminares de Richard A. Cardwell, Asociación Cultural Guadalfeo/Fundación Caja de Granada, Motril, 1998).
Voluptuosidad, Madrid, Imp. de Emilio González, 1906 (Existe una edición actual con los siguientes datos:. *Voluptuosidad*, ed., estudio introductorio y notas de Amelina Correa Ramón, Sevilla, Renacimiento, 2015).
Morena y trágica, Madrid, Imp. de Balgañón y Moreno, 1908a (Existe una edición actual con los siguientes datos: *Morena y trágica*, ed. y prólogo de Amelina Correa Ramón, Granada, Comares, 1999).
Libro de las Victorias. Diálogos sobre las cosas y sobre el más allá de las cosas, Madrid, Librería de Gregorio Pueyo, 1908b.
Libro de Agar la moabita, 1908c. Incluido en el mismo volumen que el *Libro de las Victorias*, sin figurar en cubierta ni portada, y con paginación independiente.
La fiesta de la sangre. Novela mogrebina, Madrid, Lib. de Gregorio Pueyo, 1909
Alma infanzona, Madrid, Lib. de Gregorio Pueyo, 1910.
La sombra de una infanta, Madrid, Lib. de Gregorio Pueyo, 1910 (Existe una edición actual con los siguientes datos:. *La sombra de una infanta*, prólogo de Luis Antonio de Villena, ed. y estudio introductorio de Amelina Correa Ramón, Zaragoza, Ed. Prames, 2000).

Los ojos de Astarté, El Cuento Semanal, n.º 212, 20 de enero de 1911.

Ambigua y cruel. Novela siria, Madrid, Imp. Helénica, 1912.

Lejana y perdida, Madrid, Imp. Helénica, 1913.

Un héroe del Mogreb, París, Garnier Hnos., s. f. [1913].

Bajo el sol del desierto, El Libro Popular, n.º 2, 13 de enero de 1914.

Esmeralda de Oriente. Novela mogrebí, Madrid, Lib. de la Vda. de Gregorio Pueyo, 1914.

La Serpiente de Egipto, ed., introducción y notas de Amelina Correa Ramón, Madrid/Granada, Consejo Superior de Investigaciones Científicas/Diputación de Granada, 1997.

Estudios:

La agonía del Mogreb, Madrid, Imp. Helénica, 1912.

Política colonista, Madrid, Imp. Suc. de Hernando, 1912.

En el país de los Cherifes, Madrid, Imp. Helénica, 1913.

La corte de Tetuán, Madrid, Imp. Helénica, 1913.

En tierras de Yebala, Madrid, Imp. de Juan Pueyo, 1913.

Traducción:

El jardín de los deseos. Poesías berberiscas de Sid Mojand, traducción y notas de Isaac Muñoz, Madrid, Renacimiento, 1914.

BIBLIOGRAFÍA SECUNDARIA

Álvarez de Miranda, *La metáfora y el mito*, Madrid, Taurus,1963.

Bachoud, Andrée, *Los españoles ante las campañas de Marruecos*, Madrid, Espasa Calpe, 1988.

Buil Pueyo, Miguel Ángel, *Gregorio Pueyo (1860-1913). Librero y editor*, Madrid, Consejo Superior de Investigaciones Científicas/Instituto de Estudios Madrileños/Ediciones Doce Calles, 2010.

Byatt, Antonia S., *Posesión*, trad. de María Luisa Balseiro, Barcelona, Anagrama, 1992.

Cansinos Assens, Rafael, "Prólogo", en Juan del Sarto, *La esclava del placer*, Madrid, La Novela Pasional, 1924, pp. 7-12.

Cansinos Assens, Rafael, *La novela de un literato*, Vol I: 1882-1914, Madrid, Alianza, 1982.

Cansinos Assens, Rafael, *La Nueva Literatura* (2ª ed., 1925), Obra crítica, vol. I, Sevilla, Diputación de Sevilla, 1998.

Cansinos Assens, Rafael, *Los judíos en la literatura española*, Madrid, Pre-textos/Fundación ONCE, 2001.

Cansinos Assens, Rafael, *Bohemia*, ed. de Rafael M. Cansinos, Madrid, Fundación Archivo Rafael Cansinos Assens, 2002.

Cardwell, Richard A., "Modernismo, Orientalismo, Determinismo and the Problematical Case of Isaac Muñoz Llorente", *Bulletin of Spanish Studies*, vol. LXXIX, 2002, pp. 307-330.

Carnero, Guillermo, "Introducción al siglo XVIII español", en Guillermo Carnero (coord.), *Siglo XVIII* (I), Madrid, Espasa Calpe, 1995.

Catálogo de Obras modernas en prosa y verso de autores españoles e hispano americanos, Madrid, Librería de Gregorio Pueyo, 1908. Edición facsímil: Granada, Editorial Universidad de Granada, 2024.

Correa Ramón, Amelina, *Isaac Muñoz (1881-1925). Recuperación de un escritor finisecular*, Granada, Editorial Universidad de Granada, 1996.

Correa Ramón, Amelina, "Isaac Muñoz o el decadentismo orientalista finisecular", *Awraq. Estudios sobre el mundo árabe e islámico*, XIX, 1998, pp. 269-279.

Correa Ramón, Amelina, "La estética religiosa del dolor en el orientalismo español de 'fin de siglo': el Magreb de Isaac Muñoz", *Bulletin of Hispanic Studies*, LXXVI, nº 4, octubre de 1999, pp. 499-511.

Correa Ramón, Amelina, "A contracorriente. Amores al margen en la literatura finisecular: Isaac Muñoz y Mario Roso de Luna", en Ángel Esteban (ed.), *Darío a diario. Rubén y el modernismo en las dos orillas*, Granada, Universidad de Granada, 2007, pp. 421-454.

Correa Ramón, Amelina, "Isaac Muñoz (1881-1925) o un catálogo de la disidencia para los estetas del decadentismo", *Revista Internacional d'Humanitats*, XV, septiembre-diciembre 2012, pp. 37-64.

Correa Ramón, Amelina, "'Nada te turbe, nada te espante': tres lecturas disidentes de Teresa de Jesús en el fin de siglo hispano", *eHumanista. Journal of Iberian Studies*, 32, 2016, pp. 126-148. http://www.ehumanista.ucsb.edu/sites/secure.lsit.ucsb.edu.span.d 7_eh/files/sitefiles/ehumanista/volume32/9%20ehum32.st.correa. pdf

Dorio de Gadex [Antonio Rey Moliné], "Isaac Muñoz", *Al margen de la vida. Gacetillas sin importancia*, Madrid, Imp. de José Blass y Cía., s.f. [191?].

González-Blanco, Andrés, [Sin título], *Nuestro tiempo. Ciencias y Artes. Política y Hacienda*, nº 139, junio de 1910, pp. 80-85.

Gullón, Ricardo, *Direcciones del Modernismo*, Madrid, Alianza, 1990.

Madoz, Pascual, *Diccionario geográfico-estadístico-histórico de España y sus posesiones de ultramar*, Madrid, Imp. del Diccionario Geográfico Estadístico Histórico, 1849, T. XIV.

Marín, Nicolás, *Estudios literarios sobre el Siglo de Oro*, ed. de Agustín de la Granja, Granada, Universidad de Granada, 1988.

Said, Edward, *Orientalismo*, Madrid, Libertarias, 1990.

Villena, Luis Antonio de, *Corsarios de guante amarillo. Sobre el dandismo*, Barcelona, Tusquets, 1983.

Villena, Luis Antonio de, *El libro de las perversiones*, Barcelona, Planeta,1992.

Villena, Luis Antonio de, "Isaac Muñoz y la poesía decadente honda", en Isaac Muñoz, *La sombra de una infanta*, ed. de Amelina Correa, Zaragoza, Prames, 2000.

Villena, Luis Antonio de, "Una gran novela decadente", *Los andróginos del lenguaje: Escritos sobre literatura y arte del Simbolismo*, Madrid, Valdemar, 2001, pp. 195-196.

Ivan Turguenev:
Hamlet y Don Quijote

Émile Zola:
Gustave Flaubert

Amelina Correa Ramón:
Amalia Domingo Soler y el espitismo de Fin de siglo

Wilhelm Dilthey:
Satanás en la poesía cristiana

Emilia Pardo Bazán:
Balzac: la comedia humana

Ramón Gómez de la Serna:
Gérard de Nerval, una vida

Stefan Zweig:
Marceline Desbordes-Valmores

Manuel Azaña:
Cervantes y la invención del Quijote

Ralph Waldo Emerson:
Shakespeare y Goethe

Boccaccio:
Dante Alighieri: su vida y sus obras

Victor Hugo:
William Shakespeare

Mark Twain:
¿Ha muerto Shakespeare?

Rebeca Sanmartín Bastida:
La mujer lectora, el mito del siglo XIX